애민과 요예의
경계에 선
수령

애민과 요예의
경계에 선
수령

초판 1쇄 인쇄일	2025년 11월 19일
초판 1쇄 발행일	2025년 11월 26일

기 획	한국국학진흥원
지은이	원재영
펴낸이	한선희
펴낸곳	국학자료원 새미(주)
	등록일 2005 03 15 제251002005000008호
	경기도 고양시 덕양구 권율대로 656 원흥동 클래시아 더 퍼스트 1519, 1520호
	Tel 02)442-4623 Fax 02)6499-3082
	www.kookhak.co.kr
	kookhak2010@hanmail.net

ISBN	979-11-6797-266-8 *94910
	979-11-6797-264-4 *94910 (세트)
가격	14,000원

한국국학진흥원 전통생활사총서 42

원재영 지음
한국국학진흥원 기획

애민과 요예의
경계에 선
수령

국학자료원

한국국학진흥원은 2022년부터 문화체육관광부의 지원 아래 전통생활사총서 사업을 기획하였다. 이 사업은 전통시대 생활문화를 대중에게 널리 알리고자 해마다 20명의 생활사 전문 연구진을 섭외하여 추진해 왔다. 지난해까지 40종의 총서를 대중에게 선보였고, 올해도 다채로운 주제를 담은 20권을 발간하였다.

한국국학진흥원은 국내에서 가장 많은 67만여 점에 이르는 민간 기록물을 소장하고 있는 기관이다. 대표적인 민간 기록물이라 할 수 있는 일기와 고문서는 당시 사람들의 일상을 세밀하게 이해할 수 있는 생활사의 핵심 자료이다.

그동안 한국의 역사는 '조선 왕조실록'이나 '승정원일기'와 같이 세계적으로 자랑할 만한 국가 기록물의 존재로 인해 중앙을 중심으로 이해되어 온 경향이 있다. 반면 민간의 일상생활에 대한 이해와 연구는 상대적으로 덜 주목받은 것도 사실이다. 다행히 한국국학진흥원은 일찍부터 민간에 소장되어 소실 위기에 처한 자료들을 수집하고 보존 처리하며 관리해 왔다. 나아가 이들 자료를 번역하고 심층 연구하여 대중에 공개했다. 이러한 민간 기록물을 활용하고 일반 대중에게 기여할 수 있는 효과적인 방법으로, '전통시대 생활상'을 생생하게 재현한 대중서로 집필하기에 이르렀다. 이는 일반인이 쉽고 재미있게 읽을 수 있는 전통생활사총서를 간행한 이유이기도 하다.

총서 간행을 위해 일찍부터 생활사의 세부 주제를 발굴하는 전문가 자문회의를 개최하고, 전통 생활문화를 가장 잘 구현할 수 있는 핵심 키워드를 선정하였다. 인간의 생활을 규정하는 보편적 분류인 정치, 경제, 사회, 문화의 큰 틀 아래, 매년 각 분야에서 핵심적이고 흥미로운 키워드를 선정하여 집필 주제를 정했다. 이번 총서의 키워드는 정치는 '지방 수령의 생활', 경제는 '시장 경제와 화폐 유통', 사회는 '질병과 의료', 문화는 '여가생활'이다.

각 분야마다 5명의 전공자로 집필진을 구성하고, 독자들이 어디서나 가볍게 들고 다니며 쉽게 읽을 수 있도록 다양한 사례를 풍부하게 담아달라고 요청하였다. 풍부한 사례 제시와 더불어 전문 연구자의 깊이 있는 시각을 담아 대중성과 전문성을 동시에 담보할 수 있는 것이 본 총서의 매력이다.

전문적인 서술로 대중을 만족시키기는 결코 쉽지 않다. 원고 의뢰 이후 5월과 8월에는 각 분야의 전공자를 토론자로 초청하여 2차례의 포럼을 진행하였고, 11월에는 완성된 초고를 바탕으로 대규모 학술대회를 개최하였다. 포럼과 학술대회를 통해 원고의 방향과 내용이 더욱 견고해지도록 점검하는 시간을 가졌다. 원고 수합 이후에는 각 책마다 전문가 3인의 심사 의견을 받았다. 출판사를 선정하여 수차례의 교정과 교열 작업을 거치며 완성도를 극대화했다. 책이 세상의 빛을 보기까지 꼬박 2년이 걸렸다. 짧다면 짧은 기간이지만, 2년의 응축된 시간 동안 꾸준히 검토 과정을 거쳤고, 토론과 교정을 통해 원고의 완성도를 높이기 위해 분주히 노력했다.

전통생활사총서는 국내에서 간행하는 생활사총서로는 가장 방대한 규모이다. 국내에서 전통생활사를 연구하는 학자 대부분을 포함하였다. 2024년도 한 해의 관계자만 연인원 백 명이 넘는 명실공히 국내 최대 규모의 생활사 프로젝트이다.

1990년대 이후 폭발적으로 증가했던 일상생활사와 미시사 연구에 대한 학계의 관심이 근래 들어 다소 소홀해진 상황이다. 본 총서의 발간이 생활사 연구에 활력을 불어넣는 계기가 되기를 기대한다. 연구의 활성화는 연구자의 양적 증가로 이어지고, 연구의 질적 향상 또한 이끌 것이다. 이는 전통문화에 대한 대중들의 관심 역시 증폭시키는 선순환을 만들어 낼 것이라 고대한다.

본 총서는 한국국학진흥원의 연구 역량을 집적하고 이를 대중에게 소개하기 위해 기획된 대표적인 사업 중 하나이다. 참여 연구자의 대다수가 전통시대 전공자이며 앞으로 수년간 지속적인 간행을 준비하고 있다. 올해에도 20명의 새로운 집필자가 각 어젠다를 중심으로 집필에 들어갔고, 내년에 또 20권의 책이 간행될 예정이다. 앞으로 계획된 총서만 100권에 달하며, 여건이 허락하는 한 이 소중한 작업을 지속할 예정이다.

대규모 생활사총서 사업을 지원해 준 문화체육관광부에 감사하며, 본 기획이 가능하게 된 것은 한국국학진흥원에 자료를 기탁해 준 분들 덕분이다. 다시 한번 깊이 감사드린다. 아울러 총서 간행에 참여한 집필자, 토론자, 자문위원 등 연구자분들께도 진심으로 감사 인사를 전한다. 책의 편집을 책임진 국학자료원에도 고마움을 표한다. 이 모든 과정은 한국국학진흥원 여러 구성원들의 노력이 있었기에 가능했다.

2025년 11월
한국국학진흥원 인문융합본부

차례

◈ 들어가는 말

조선시대 수령은 흔히 '목민지직牧民之職'이라고도 불리며 지방의
군현을 다스리며 백성을 가장 가까이 접하는 자리였다. 그로 인해
이러한 수령의 역할은 조선 왕조의 집권체제의 강화, 지방 통치조
직의 확립을 언급할 때 가장 중요한 직임으로 인식되었다.

그 결과 그동안 제도사적인 입장에서 바라본 수령제도는 중앙의
정책이 실제 군현에서 집행되는 과정에서 국가의 입장만을 대변하
는 존재로 설명되어 왔다. 이 과정에서 지방 군현의 향촌 사회와 백
성은 통치의 객체이며 피지배의 대상으로만 간주되어 수령을 통한
지방 통치가 일방적 지배의 차원에서 이해되어 온 측면이 많았다.
중앙집권을 추구했던 조선 왕조가 수령제도를 통해 궁극적으로 이
처럼 향촌 현장에서 대민지배를 실현하려 했음은 분명한 사실이다.

그러나 그 과정에서 이루어진 수령 행정은 중앙정부와 도道의 감
사를 통한 일방적인 일방적 명령과 지배의 측면은 아니었다. 군현
의 최고 책임자로서 그와 같은 과정에서 끊임없이 고민하고 제대로
실현되지 못한 것에 대한 개탄과 반성, 그리고 이를 바탕으로 여러
업무를 좀 더 효과적으로 수행하고자 했던 수령의 노력도 있었다.

특히 조선 후기 수령의 업무는 이른바 '칠사'로 표현되는 것만을 가지고는 한층 복잡해진 업무를 수행하기에는 어려웠을 것이다. 그로 인해 수령이 업무를 수행하는 데 필요한 일종의 매뉴얼이 실무 경험을 바탕으로 만들어질 수밖에 없었다.

조선 후기 다양한 '목민서牧民書'의 등장은 이를 잘 보여준다. 여기서 보이는 여러 가지 내용들은 실제 업무의 경험을 반영했다는 점에서 지방행정 운영을 위한 세부적인 규정이었다. 그리고 여기에는 비록 제한적이지만 다양한 행정 운영에 있어서 수령에게 최소한의 재량을 허용한 사실들도 상당수 확인된다. 이는 당시 수령이 지방행정을 운영함에 있어 중앙정부가 목표로 한 큰 틀의 대체大體에 어긋나지 않는 범위 내에서 수령의 역량에 따라 지방행정의 운영이 가능했을 것을 짐작게 해준다.

이와 같은 사실을 전제해 보면, 조선시대 수령의 역할은 대민지배를 위해 중앙, 그리고 도 단위의 감사의 명령과 지시만을 일방적으로 따르던 존재는 결코 아니었다. 이에 이 책에서는 조선시대 수령의 지방 통치 업무 수행 과정에서 일정한 한계 내에서 독자성을 띤 수령의 권한과 역할을 살펴보는 것을 목표로 하고 있다.

먼저, 1장에서는 수령 행정이 시행된 공간에 대해 살펴본다. 수령 행정이 시행된 관아 공간은 민들에게는 국가권력의 실체를 상징적으로 보여주는 곳이 되었다. 그리고 수령은 그러한 공간에서 국왕을 대신한 명리命吏로써의 위엄을 백성들에게 자연스럽게 드러낼 수 있었다. 이에 먼저 그러한 의미를 가질 수 있는 공간구조가 어떻게 이루어졌으며, 관아와 함께 객사, 향청, 질청의 주요 기구의 구성과 역할을 아울러 살펴보기로 한다.

2장에서는 앞서 이야기한 주요 문제의식이라고 할 수 있는 수령이 지닌 군현에서의 역할을 살펴본다. 조선시대 수령은 군현의 일반 행정, 사법, 군사를 총괄하는 광범위한 임무를 수행했다. 따라서 이 책에서는 그러한 모든 수령의 업무를 다루기는 어렵다. 대신 몇 가지 주요 사례를 중심으로 수령의 다양한 행정 가운데 중요한 부분을 차지했던 농업생산과 관련된 농형農形의 보고 과정, 급재給災와 진휼賑恤의 시행, 그리고 부세賦稅의 운영에서 드러난 수령의 역할을 집중 분석 대상으로 삼고자 한다.

1

수령 행정이
시행된 공간

관아의 입지 조건

조선시대 군현의 중심지는 흔히 읍치邑治로 불리었다. 여기에는 중앙정부가 파견한 지방관을 비롯한 행정관청들이 존재했고, 수령의 명을 받아 행정업무를 집행하는 이서들이 주로 거주했다. 그리고 많은 군현에서 읍치는 군사적 이유로 읍성邑城으로 둘러싸여 있기도 했다. 조선 전기 『세종실록지리지』의 기록에는 전국 335개 군현 가운데 96개 군현에 읍성이 설치되었고, 16세기 중반 『신증동국여지승람』에는 읍성에 관한 기록이 160여 곳으로 증가하였다. 주로 군사적 방어 시설의 역할이 필요했던 북방의 국경이나 서남해의 해안지대와 접한 군현에서 읍성의 축조가 활발하게 이루어졌다.

조선시대 군현의 읍치의 입지를 결정하는 요소는 대략 몇 가지 요건을 충족시켜야 했다. 첫째는 읍의 중심에 위치해야 했다. 이는 상징성뿐만 아니라 읍치와 멀리 떨어져 거주했던 백성들이 수령에게 여러 가지 억울한 사연을 말하는 진소陳訴의 편리, 각종 부세나 요역의 불균형과 이로 인한 지방 유력자인 토호나 관아 아전의 폐단 방지라는 현실적인 이유도 있었다. 두 번째는 군사적으로 방어에 유리한 지역인가의 여부도 중요했다. 사방의 산세에 의존하는 넓은 터와 많은 샘물을 확보하여 유사시 주민 수용과 방어에 편리한 지형이어야 했다. 세 번째는 일정한 토지를 확보해야 했다. 군현에서 농민들의 생업을 보조할 수 있는 토지가 주변에 존재해야 한다는 것이다. 이외에도 자연재해의 피해가 적고, 풍수지리적으로도 하자가 없어야 하는 등 다양한 요인이 고려되었다.[1] 다만 모든 군현이 이러한 요소를 공통적으로 모두 갖추기는 어려웠고, 군현이 처한 형편에 따라 이들 중 어느 것을 좀 더 중시하는지가 달라질 수밖에 없었다.

그런데 읍치를 결정하는 이러한 다양한 요인 가운데 지리적인 자연환경과 관련하여 한국의 전통적 공간 인식 체계인 풍수적 지리관은 적지 않은 영향을 끼쳤다.[2] 읍치의 입지는 풍수지리의 배산임수의 영향으로 보통은 수령의 집무처인 동헌東軒이나 또는 객사客舍의 북쪽으로는 배후에 진산鎭山이 있고,[3] 남쪽으로는 앞 또는 옆으로 하천이 흐르는 형태가 일반적이었다. 하천은 외부와 교통하며 배수 문제를 해결하고 또한 읍치의 영역을 한정하는 경계로도 작용하였다. 읍치의 진산과 하천은 배산임수를 만족시키는 상호 대응하는 요소로서 입지 선정의 기본 요건이 되었음을 알 수 있다.[4]

특히 배후의 산인 진산은 다른 말로는 주산主山 또는 읍주맥邑主脈 등으로 불리며, 수도인 한양은 물론 전국 각 군현의 읍치, 마을, 가택, 그리고 능이나 묘에 이르기까지 공간에 대한 일종의 중심축

멀리서 본 관아와 주산   가까이서 본 관아와 주산   관아 바로 앞에서 본 주산

그림 1

거리에 따라 다르게 보이는 관아와 주산

* 참고: 서동원 「조선시대 지방관아의 공간적 특성에 관한 연구-정치사상과 입지를 중심으로」, 서경대학교 박사학
위논문, 2002, 103쪽, 그림 Ⅲ-7.

으로 인식되어 왔다. 그에 따라 조선시대 대부분 군현의 진산은 동
헌이나 객사의 위치와 직선으로 거의 일치하면서 이를 배경으로 자
리하게 되었다. 그리고 이러한 배치는 권위적인 경관 이미지를 형
성하는 중요한 요소가 되었다. 수령의 집무처인 관아는 지역의 상
징적 중심인 진산이나 주산을 배후로 삼아 위치한 수령이 지닌 권
위와 위엄을 한층 더 높여주는 하나의 장치가 되었다.[5]

읍치의 중심 건물인 관아는 배후 진산과의 경관 이미지를 고려하
여 방향을 거의 일직선에 두었고, 이를 통해 뒷산 배경의 경관 이미
지가 분명하게 나타나도록 했다. 시각적으로 정문에서부터 객사나
동헌에 이르는 동안 일정한 눈높이를 유지하도록 치밀하게 고려되
었다.[6] 진입부에서는 편안한 느낌 속에서 관아의 건물들과 뒷산인
진산이 한꺼번에 조망된다. 그러나 점차 다가갈수록 상승감을 느끼

면서 관아에 접근하면 눈높이가 높아지며 어느 지점에 다다르면 배경의 진산은 사라지고 관아 건물이 주 경관으로 바뀌게 된다. 관아에 들어서는 백성들에게 순차적으로 진입부에서는 건물보다 진산이 먼저 눈에 들어오면서 산에 묻혀있는 형태로 관아의 건물을 의식하게 된다. 안쪽으로 들어갈수록 정문이 시야의 중심이 되면서 진산은 정문의 지붕 밑으로 사라진다. 배후의 진산을 매개로 관아의 시설이 강조되면서, 점점 더 안으로 진입함에 따라 긴장이 지속되는 인상을 가지며 이를 통해 건물의 권위를 더욱 부각시키게 되는 것이다.[7]

현재 원형이 비교적 잘 남아있는 낙안읍성의 공간 배치 구조는 그러한 점을 잘 드러내고 있다. 낙안읍성의 남문을 통과해서 북쪽으로 걸어가도 관아의 건물들이 보이지 않고, 동서대로와 만나 서쪽으로 꺾인 후 다시 북쪽을 향해야 비로소 건물들이 보이기 시작한다. 이때 방문자의 시선에는 북쪽으로 우뚝 솟은 금전산과 그 앞쪽에 외삼문을 포함한 동헌의 건물군이 중첩된 경관을 이루고 있다. 그리고 관아 안으로 들어오면 비로소 관아의 건물만이 웅장하게 방문자의 시선에 들어오게 된다.[8]

읍치에 구현된 이러한 경관은 통치 대상자에 대한 지방관의 권위를 구현하는 역할을 했다. 다양한 이유로 관아를 찾아갔던 백성들은 이를 통해 지방관의 위엄을 간접적으로 체감하기 시작했던 것이다. 그러한 점에서 읍치에 구현된 풍수적 형국은 단순한 지리적 요인만으로 설명되기보다는 이를 통해 시각적인 권위 상징을 극대화를 위한 방편이 되었던 것으로 이해된다.

　조선시대 읍치의 구성은 읍성 내의 중심부에 객사와 함께 지방관인 수령이 군현의 각종 행정을 수행하기 위한 관아가 위치하였다. 수령의 집무처인 동헌, 그리고 이서들의 공간인 질청[作廳]과 향촌의 재지사족이 참여한 향청鄕廳도 직무에 따라 별도의 관아 공간을 형성하였다. 대체로 남향을 바라보며 남문을 중심으로 동문, 서문을 연결하는 T자형 가로 형태와 각각의 문으로부터 출발하는 길들이 T자로 모이는 지점에 객사와 관아의 여러 관청들이 모여있었다. 또한 유교적 통치체제와 관련된 주요시설인 문묘文廟와 향교鄕校, 그리고 제사 시설인 사직단社稷壇과 성황당城隍堂도 읍치를 구성하는 주요시설이었다. 흔히 1묘·1사·2단이라고도 불린 이러한 시설들은 중앙집권적 통치체제를 유지하기 위한 수단으로 조영 방식과 시설의 규모에서 차이는 있으나 중앙의 한양과 매우 유사한 형태로 조영되었다.[9] 전국 군현 읍치의 조성은 지정학적 입지, 설치 지형, 행정위계 등 다양한 지역적 특성이 반영되었지만 보통은 중앙의 그와 같은 구성 기준을 따르며 설치되었다.

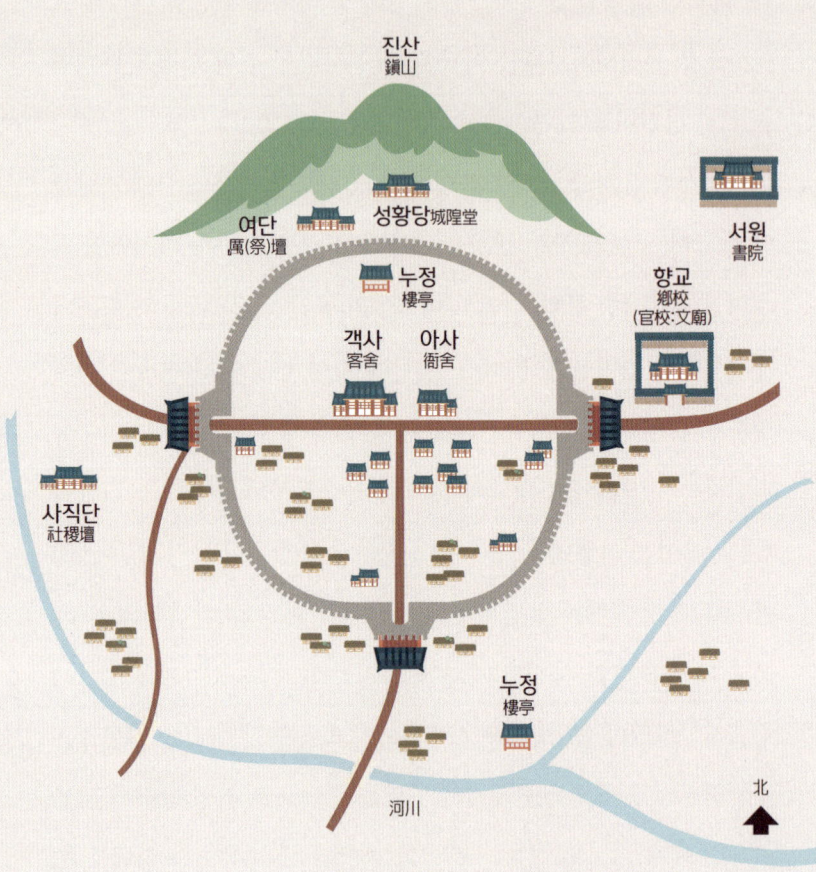

진산
鎭山

여단
厲(祭)壇

성황당 城隍堂

서원
書院

누정
樓亭

향교
鄕校
(官校:文廟)

객사
客舍

아사
衙舍

사직단
社稷壇

누정
樓亭

北

河川

그림 2

조선시대 읍치 공간구조의 대강

* 참고: 이상구, 『조선 중기 읍성에 관한 연구』, 서울대학교 석사학위논문, 1983.

이들 시설은 1392년(태조 원년)에 문묘文廟와 성황사城隍祠, 1400년(정종 2) 여제단厲祭壇, 1406년(태종 6)에는 사직단社稷壇을 전국적으로 실시하도록 제도화되었다. 그 결과 군현 읍치의 좌우로는 보통 좌묘우사左廟右社의 유교적 배치 원리에 의해 좌측에는 문묘의 역할을 겸했던 향교, 우측에는 사직단이 입지하는 경우가 많았다. 또한 제의 시설 중 지역 수호신으로 이해되는 성황신을 모시는 성황사나 제사를 받지 못하는 무사귀신無祀鬼神을 위로하거나 돌림병을 일으키는 기운을 가라앉히는 목적으로 지내는 여제厲祭, 가뭄에 비를 바라는 기우제祈雨祭를 지내기 위해 마련된 여단厲壇도 대부분의 군현에서 읍치의 후면에 위치하였다. 이를 통해 종래의 잡다한 민간신앙은 비유교적인 음사淫祀로 규정되었다. 그리고 군현 행정의 수장인 수령은 여기서 공식적으로 행해졌던 각종 제사를 주관하며 명실상부하게 고을을 대표하는 존재로서의 역할을 더할 수 있었다.[10]

관아의 공간적 구성

지금은 거의 다 사라졌지만, 조선시대 읍치의 중심에 위치했던 관아의 영역 안에는 수령의 지방행정 운영과 관련된 많은 시설들이 있었다. 예를 들면, 조선시대 충청도의 여러 지방 지도에는 수많은 시설들이 보인다. 그 가운데 공통적으로 표시된 주요 관아 시설은 동헌, 급창방及唱房, 책방冊房, 내외삼문內外三門, 사령청使令廳, 내아內衙, 형청刑廳(형리청刑吏廳, 형방刑房), 장청將廳, 관청官廳, 질청, 향청, 객사, 읍사邑司, 군기고軍器庫 등을 들 수 있다. 이들 시설은 다시 크게 동헌, 객사, 향청, 질청, 장청 등의 행정업무와 관련된 기구와 이를 보조하기 위한 기타 시설로 구분해 볼 수 있다.[11] 여기서는 모두를 다루기는 어렵고 수령의 지방행정 운영과 관련된 중심 기구라고 할 수 있는 동헌, 향청, 질청 그리고 객사에 대해서 살펴보기로 한다.

수령 행정의 중심 기구인 동헌

― 수령의 집무처가 동헌이라고 불리게 된 이유

동헌은 조선시대 관아의 핵심 시설로 수령이 행한 대부분의 행정업무가 이루어진 공간이다. 또한 지방관의 역할에 일반 행정과 사법행정이 분리되지 않은 상황에서 동헌의 앞마당은 재판장의 역할도 함께 하였다.

조선시대 관찬 기록에 동헌이라는 용어를 처음 사용한 사례는 1400년(정종 2) 8월 사병 혁파에 대한 경상감사 조박趙璞과 계림부윤 이거이李居易를 심문하는 과정에서 "그대가 계림동헌鷄林東軒에서 말하지 않았는가?"[12]라는 대화 내용에서 처음 보인다. 따라서 늦어도 15세기 초부터는 지방관아의 정당을 동헌이라고 불렀음을 알 수 있다.

수령의 집무처로 불린 동헌은 통상적으로 수령의 공적 업무를 위한 개방된 공간인 대청을 두고 오른쪽이나 왼쪽 혹은 양쪽에 휴식을 취하는 온돌방, 그리고 툇간退間을 둔 구조로 이루어져 있다.

건물로서의 '헌'은 중국의 한나라 때부터 독서, 경관 감상, 휴식의 용도로 쓰이는 건물을 가리키기 시작했다. 보통은 큰 건물에 덧대 만든 작은 건물로서 조형이 경쾌하고 구조가 간명하여 개부구가 넓은 구조였다. 고려시대에는 주로 휴식을 취하며 경관을 감상하는 정자의 명칭에 많이 사용되었다. 조선시대에도 그 뜻은 중국이나 고려와 거의 같았다. 그러나 동헌의 건축 형식은 '헌'이라는 건축 유형에 어느 정도 부합했으나 웅장한 규모와 겹처마, 기단, 공포 등은 권위적 특징을 반영하고 있기 때문에 건축 유형상 '당堂'으로 불리는 것이 더 적합해 보인다. 그에 따라 경기 양주는 매학당梅鶴堂,

충남 부여는 초연당超然堂, 홍산의 제금당製錦堂, 전북 무주는 와선당
臥仙堂, 무장현의 취백당翠白堂 등 여러 동헌 건물의 편액에는 "○○
당堂"이라는 명칭이 사용되기도 했다.[13] 이러한 이름은 대개 고을의
지세와 풍광 등을 반영한 작명이었다. 이와 함께 수령이 백성을 사
랑하고 가까이 대하며 평안한 정치를 행하겠는 의도를 담은 이름
도 많았다. 근민당近民堂, 평근당平近堂을 비롯해 양민당養民堂, 목애
당牧愛堂 등의 명칭이 여기에 해당된다.

한편, 동헌에서 동東은 글자 그대로 방위를 의미한다. 그래서 동
헌이라는 명칭이 수령의 개인 생활공간인 내아가 서쪽에 위치하며
상대적으로 동쪽에 있었기 때문에 여기서 유래했다고 설명되는 경
우도 있는데 확실한 근거는 없다. 주요 건물의 위치를 표시한 조선
시대 읍지에는 동헌이 내아의 동쪽에 있지 않은 경우도 많이 확인
되며, 내아라는 말 그대로 동선상으로 오히려 동헌의 뒤나 깊숙한
안쪽에 위치한 경우도 적지 않게 보인다.

또 다른 동헌의 유래는 관아 안에서 모든 건물의 기준이 되는 객
사의 동쪽에 있어서 붙여졌다고 해석되기도 한다. 그러나 이 또한
최근의 연구에서는 객사가 관아의 중심 시설이었다는 기존의 이해
와는 다르게 읍치를 구성하는 중심축이 객사가 아닌 동헌을 중심으
로 이루어지는 경향성이 더 높고, 위치 역시 실제로는 동헌이 객사

의 서쪽에 위치하는 경우도 많다는 사실이 확인되기도 했다.[14]

동헌의 읍치 내의 위치와 그 과정에서 생겨난 명칭 유래의 혼란은 고려부터 조선 초기까지 지방행정제도의 정착 과정과 관련 있어 보인다. 고려는 11세기 초 현종 연간을 거치며 전국을 경기와 5도, 양계로 나누는 지방 제도의 근간을 마련하였다. 그리고 그 아래 모두 520개의 군현을 두었는데, 이는 지방관을 파견한 130개의 주현主縣과 지방관이 없어서 주현의 지방관이 함께 관할했던 390개의 속현屬縣으로 구성되었다. 그리고 주현 가운데서도 규모가 크고 중요한 대읍大邑인 경京·목牧·도호부都護府 등은 다시 계수관界首官으로 지정하여 주변의 여러 주현을 행정적으로 지배했다.

이러한 지방행정제도 하에 고려는 12세기 초까지 경·목·도호부의 대읍에 정식으로 관아를 갖추었으나, 대다수 소읍은 독립된 수령의 정무처를 갖지 못했거나 있더라도 건축의 규모나 형식이 제한적이었을 것으로 추정하고 있다.[15] 그러다가 조선 전기 지방행정제도가 정비되면서, 모든 군현에 수령을 파견함으로써 속현이 사라졌다. 이와 함께 관찰사와 사신 등 빈객의 방문이 잦아지면서 자연스럽게 객사는 전문적인 의례 및 접객 시설로 독립되었다. 이에 따라 수령의 집무처가 별도로 신축되면서, 관아 역시 재구성되었던 것으로 보인다. 그 과정에서 과도기적 관아 시설에는 격식과 규모를 갖춘 독립

된 수령의 집무처가 없었다. 따라서 한동안은 객사가 지방 수령이
중대한 "정령을 베푸는[施政令]" 공간으로 이용되었다. 이때 수령의
위치는 임금을 상징하는 궐패闕牌를 모신 객사 중심 건물 주사主舍의
동쪽 곁채였다. 그러한 연유로 그 후 객사와 관아가 완전히 분리된
뒤에도 수령의 집무처인 관아의 정당을 동헌이라고 부르게 되었을
것으로 짐작된다.[16] 아울러 새로운 동헌이 독립된 영역을 형성한 이
후에도 상당 기간 객사의 동쪽 곁채는 여전히 동헌이라고 불리기도
했다. 17세기 초 천안 군수를 지낸 이유간李惟侃이 작성한 『우곡일기
愚谷日記』에서 그는 좌기坐起한 곳을 표시할 때 이 둘을 구분하여 객

사동헌客舍東軒, 동헌객사東軒客舍로 기록하고 있다. 그리고 객사동헌과 구별하기 위해 관아의 동헌은 '아동헌衙東軒'으로 표기하였다.[17]

— 홍살문에서 동헌의 앞마당까지

동헌을 둘러싼 공간구조를 보자. 관아의 공간은 〈그림 5〉와 같이 크게 세 구역으로 구분되었다. 각각의 영역은 홍살문, 외삼문, 내삼문이라는 세 개의 문을 통해 나누어진다. 관아에 볼일이 있는 백성이 동헌까지 가기 위해서 먼저 홍살문을 통과해야 한다. 홍살문은 신성한 제사 공간이 있는 곳이라면 반드시 설치되어 사악한 기운을 물리치거나 막는다는 의미의 벽사辟邪의 문을 말한다. 서원이나 향교는 유교 성현을 모시는 곳이며, 관아는 임금을 상징하는 전패殿牌와 궐패闕牌를 모신 객사가 있기 때문이다. 홍살문을 지나면 외삼문이 나오는데 보통 2층의 다락으로 만들어져 위풍당당한 모습이다. 세 칸의 나누어진 문의 가운데로 수령이, 좌우쪽 문은 이서吏胥와 동헌을 방문하는 백성들이 이용하였다.[18] 이 외삼문의 영역에는 군현에 따라 차이가 있었지만, 보통 육방 이서들의 집무 공간인 질청 등이 위치했다. 또한 수령의 명령을 전달하고 수행하는 사령청과 죄인을 다스리는 형리청, 군사 관계 업무를 담당한 군교軍校의 공간인 장청將廳, 관아의 음식을 담당하는 관청官廳, 각종 창고시설, 관아 방

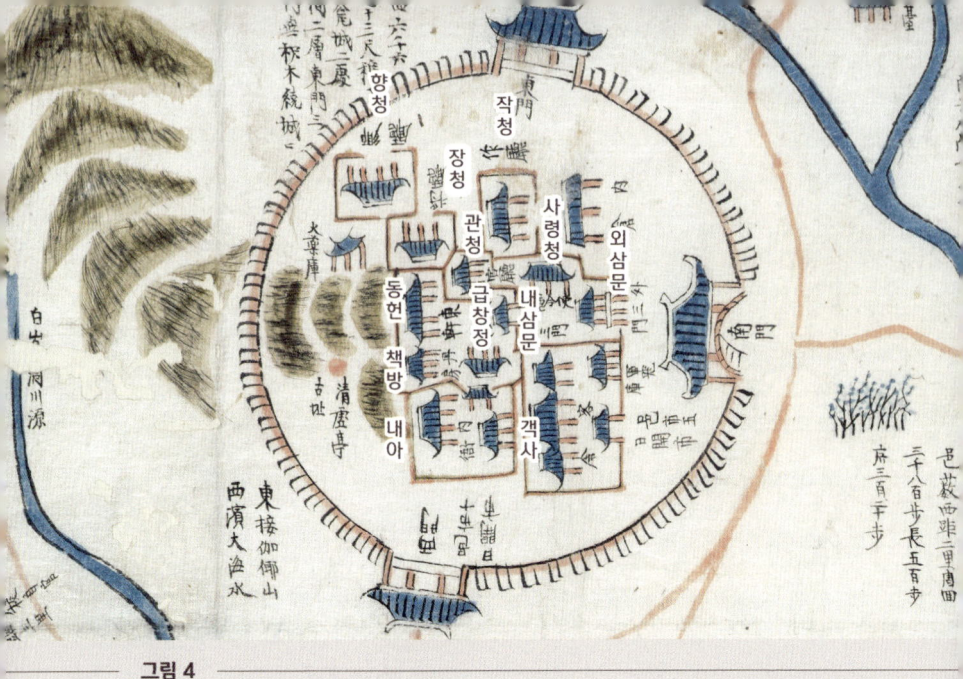

그림 4

충청도 해미현 지도의 주요 관아 위치, 〈1872년 지방지도〉, 서울대학교 규장각한국학연구원 소장

문객이 대기하는 헐소청歇所廳, 그밖에 여러 창고시설 등도 위치하였다.[19]

이 외삼문을 지나면 가운데 부분이 솟아있고 세 개로 나누어진 솟을삼문 형태의 내삼문을 지나야 수령의 집무처인 동헌까지 갈 수 있었다. 내삼문의 안쪽, 즉 핵심 공간인 동헌을 중심으로 한 영역에는 〈그림 4〉에서 보이듯, 수령의 일상과 업무를 지원하는 부속 건물들이 함께 있었다. 여기에는 수령의 자제가 머물렀던 책방을 비롯하여, 음식을 담당한 관청, 그리고 여러 가지 수령의 잔심부름을 맡으며 시

종 역할을 하는 급창방 등이 포함된다. 그리고 수령과 그의 가족들이 생활했던 사적 생활공간인 내아가 안쪽에 자리하였다.

백성들이 이러한 구조를 지닌 관아의 각 영역을 통과하여 동헌의 앞마당까지 나아가 수령을 만나는 과정은 엄격한 출입 통제의 절차를 거쳐야 가능하지 않았을까 짐작된다.

우선 외아문에서 출입자를 엄히 통제하는 군졸에게 방문 목적을 말하고 안으로 들어가면, 내삼문을 다시 통과해야만 했다. 이때 잠시 대기하는 장소가 헐소청이었다. 헐소청은 관아에 다양한 용무가 있어서 방문하는 사람들이 수령을 만나기 직전 허락이 떨어지기까지 쉬면서 머물던

그림 5
삼문을 통한 관아의 공간 분할
* 참고: 서동원, 앞의 논문, 2002. 127쪽, 그림 Ⅲ-18.
자료의 사진은 부여 홍산현 관아의 제금당, 내삼문, 동헌 아문,
국가유산청 국가유산포털 전재

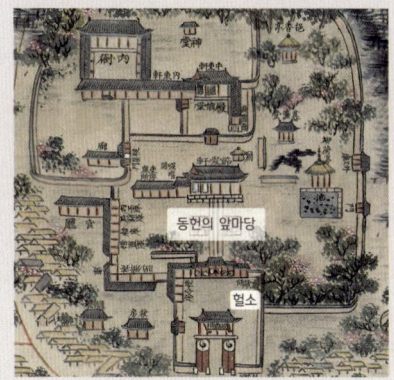

그림 6

〈숙천제아도〉, 황해도 신천군의 동헌 부분,
하버드대학교 엔칭도서관 소장,
국립중앙도서관에서 전재

동헌의 앞마당

헐소

공간이었다. 이곳은 〈그림 6〉에 보이듯이 대개는 내삼문의 측면
공간 일부를 활용하여 방이나 마루를 만든 형태였다.[20]

당시 백성들이 수령을 만나려 했던 목적은 다양했을 것이다. 그
러나 가장 많은 이유는 송사訟事 때문이었다. 송사로 인해 관아를
찾은 백성은 외삼문에서 겨우 출입 허가를 받아 안으로 들어가 헐
소청에서 재판에 앞서 잠시 쉬며 겨우 한숨을 돌리었다. 그리고 허
락이 떨어지면 안내를 받아 비로소 내삼문 안쪽의 동헌의 앞뜰까지
들어갔을 것으로 짐작된다.

수령은 동헌의 대청마루 중앙에 앉아 앞뜰을 굽어보며 억울한 사
정을 호소하는 백성의 이야기를 들었다. 그리고 가지고 온 소장訴狀
에 따라 송사를 시작했을 것이다. 19세기 말 동헌에서 그러한 송사

의 모습을 담고 있는 사진과 조선 후기 김윤보의 풍속화첩인《형정
도첩刑政圖帖》에는 동헌에서 이루어졌던 법정의 풍경을 잘 묘사하
고 있다. 이에 따르면 동헌의 대청마루에는 수령이 위엄을 갖추어
의자에 정좌해 있고, 그 좌우에는 지위가 제법 높아 보이는 고을의
관속들 몇이 늘어서 있다. 마루 옆에는 아전 한 명이 엎드려 종이에
무언가를 열심히 적고 있다. 대청 밑에 기단 구실을 하는 섬돌에는
양쪽으로 두 사람이 서 있는데 조용히 이야기한 수령의 분부를 받
들어 아래로 호령하였다. 앞뜰에는 군졸 복장을 한 아전을 포함하
여 아전 몇 명이 양쪽으로 넓게 벌려 늘어 서 있다. 그리고 그 가운

그림 7

〈형정도刑政圖〉, 동헌 앞 재판, 국립민속박물관 소장, e뮤지엄에서 전재

데 무언가 다툼이 있는 송사의 당자인 두 사람이 고개를 숙인 채 나란히 앉아 있다. 동헌에서 진행된 송사의 풍경이다.[21]

이처럼 조선시대 관아의 주 영역에 해당되는 동헌의 대청마루와 앞뜰은 수령의 주요 역할 가운데 하나인 송사를 진행하는 재판장의 역할을 하는 사법 공간이 되었다.

수령 행정의 보조 기구

① 향청: 수령과 함께 읍사邑事와 향풍鄕風을 살피다.[22]

— 조선 전기 향청과 짝을 이루어 운영된 경재소京在所

향청의 유래를 살펴보기 위해서는 먼저 조선 전기 이와 밀접한 관련을 맺으며 운영된 경재소의 모습을 알아볼 필요가 있다. 경재소는 고려시대 중앙에서 지방을 효율적으로 통치하기 위해 시행된 사심관事審官제도의 분화·발전된 형태였다. 시행 시기는 정확히 알 수 없지만, 제도적으로 확립된 것은 1435년(세종 17) 9월이었다. 이 때의 기록에 의하면, 출신지의 연고가 있는 중앙관료 가운데 좌수座首 1인, 참상 별감參上別監 2인, 참하 별감參下別監 2인을 두었다. 조선 초기 경재소는 품계에 따라 출신 연고지와 연관된 2개의 군현에서 최대 8개의 군현을 관할할 수 있었다.

중앙에 설치된 이러한 경재소는 해당 군현의 유향소와 밀접한 종적 유대를 가지고 유향소의 좌수·별감 임명, 향리 규찰, 향풍 교화鄕風敎化, 공부貢賦·진상進上의 상납 등 여러 가지 일에 관여했다. 한편 경재소가 연고지에 근거하여 조직되었다는 점에서 이를 통해 재경 관인在京官人들은 서울에 살면서도 지방에 산재한 토지와 노비를 지배해 나갈 수도 있었다.

경재소 설치의 목적은 조선 전기 군현제와 수령제 중심의 지방 통치 제도의 정비 과정에서 지방행정을 보완하는 데 있었다. 이는 경재소를 매개로 중앙정부의 영향력을 향촌 사회의 운영 과정에 개입시켜 행정적 효율성을 높이려는 의도로 해석된다.

그러나 본래의 이러한 의도와 달리 여러 가지 폐단이 발생되고, 재지 사림의 성장, 상품화폐경제의 발달에 따른 경제적 관계의 강화, 임란으로 인한 경재소 조직의 이완, 수령 주도의 면리제도의 정착 등 여러 가지 복합적 이유로 1603년(선조 36) 결국 혁파되었다.

조선 초기 유향소는 서울의 설치된 경재소와 상응하는 기능을 수행하도록 각 군현에 설치되었다. 유향소를 구성하는 재지품관在地品官들은 토성 품관土性品官이나 유향 품관留鄕品官 등으로 불렸다. 이들은 여말에 남발되었던 명예 관직인 첨설직添設職을 받아 이족吏族에서 유향품관으로 성장한 부류 또는 왕조 교체와 세조의 왕위 찬탈 때 낙향한 재지사족들이다. 조선 왕조는 향촌을 효율적으로 운영하는 방법의 하나로 이들이 향촌 사정에도 정통한 존재라는 점을 인식하고 적극적으로 군현의 운영에 참여시키려 했다. 그러나 오히려 이들은 이를 거부하고 유향소를 조직하여 향촌에서 독자적인 영향력을 행사하려는 경향을 보이고 있었다. 이 과정에서 유향소가 수령을 비방하고 백성을 침어侵漁한다는 이유로 1406년(태종 6) 혁파되었다.

그러다가 15세기 후반부터 김종직을 비롯한 향촌에 기반을 둔 사림파가 활발히 중앙정계에 진출하면서 복설 논의가 이루어졌다. 그 결과 1488년(성종 19)에 다시 설치되었다. 당시 유향소의 청사는 향사당鄕射堂이라고 불리었다. 이는 이곳에서 재지사림들에 의해 향사례鄕射禮·향음주례鄕飮酒禮가 시행되었기 때문이다. 유향소를 재지 세력 중심의 향촌 사회 운영의 근거지로 삼기 위한 목적이었다.[23] 이후 중종 연간부터는 재지사족들이 향약鄕約기구 보급과 역할을 확대하고, 이와 함께 향회鄕會를 결성하면서 유향소의 기능이 강화되었다. 향회의 명부인 향안鄕案에 이름이 있는 자들이 공론公論으로 유향소의 좌수와 별감에 임명되면서 군현에서의 지위를 확고히 했다. 유향소의 책임자는 읍세邑勢의 규모와 재지 사림 기반의 강약에 따라 차이가 있었으나, 좌수는 고을마다 1인, 별감의 경우 주州·부府는 3인, 군현은 2인씩 두었다.

― 향청의 구조와 역할

유향소는 경재소가 혁파된 뒤 17세기부터는 사료상에 이를 반영하듯 '유留'자가 사라지고 향소鄕所 혹은 향청鄕廳 등의 표현으로 등장한다. 이때 기록에 보이는 향소라는 용어는 향소의 직임인 좌수, 별감 등을 지칭하는 경우와 이들이 근무하는 관청, 곧 청사인 향청을 의미하기도 했다.[24]

17세기 이후 향청의 주요 직임은 좌수 1인, 별감 2인으로 이들 3인을 통칭해서 삼향소三鄕所라고 했다. 그리고 그 밑에는 지역에 따라 다소 차이가 있었지만 대동大同, 군기軍器, 호적戶籍, 창고倉庫 등 여러 가지 사무를 담당하는 하급 향임자가 편제되어 있었다.

본래 이러한 향소는 재정적 보장이 없었으나 청사를 운영하고 각종 직무를 수행하는 데 적절한 재원을 필요로 했기 때문에 다양한 방법으로 재정을 확보하여 운영할 수밖에 없었다. 예를 들면, 정기적인 급여의 명목으로 좌수는 4달에 한 번씩 4곡斛 5두斗, 별감은 3곡을 그리고 향청의 운영 경비 명목으로 군현 내 관행에 의해 늠료廩料가 지급되었다. 이러한 비용의 재원은 규정 외의 잡세 형태로 이를 충당하기도 했고, 18세기 이후 민간 고리대가 성행하면서 지방관청이 민을 상대로 보정적 수요를 위한 수입원의 하나로 식리전殖利錢을 운영하면서 이를 활용하기도 했다. 19세기 광양현 향청 운영 재원의 명목을 보면, 지방관아에서 일부 지원하거나 토지 수입, 신입례전新入禮錢, 식리전의 이자 수입 등 다양하였다.

조선시대 지방 관아의 주요 영역을 구성했던 향청이 수령의 행정을 보좌하며 수행한 역할은 크게 두 가지로 자치 기능과 행정 기능이다.

먼저 자치 기능에 대해 살펴보면, 향소는 조선 전기 이래 향리의 규찰과 1차적 재판권·처벌권을 가지고 있었다. 좌수와 별감은 육방 관아六房官衙 이서들의 업무일지를 검사하여 살폈다. 보통 좌수는 이·병방吏·兵房, 상별감上別監은 호·예방戶·禮房, 차별감次別監은 공·형방工·刑房의 업무를 살피었다. 이 과정에서 죄가 확인된 이서를 수령에게 고해 처벌할 것을 건의했고 이때 수령이 여기에 따르지 않으면, 경우에 따라 향회의 향원들을 모아 수령을 압박해서 처벌을 강력하게 관철시켜 나가기도 했다.

한편, 조선 후기 수령의 지방 통치 과정에서 발생하는 백성들의 범죄나 분쟁·소송에 대한 재판과 처벌의 양상은 작고 사소한 사안은 향소나 면리 단위의 기구를 통해 해결하였다. 수령은 일반적으로 살인 범죄를 비롯해 향촌 내에서 발생한 중요한 사건이나 소송 등만을 친히 심리하는 경우가 일반적이었다. 그에 따라 향소는 향풍교화라는 자치 기능의 명목을 앞세워 제한된 범위에서 향촌 사회에서 사법권을 행사해 나갈 수 있었다. 예컨대 해당 군현의 민들 사이에 이른바, 향풍을 어그러트리는 행위인 부모에게 불효하는 자, 형제와 친족간 다툼과 소란을 일으킨 사건 등에 대해 향풍의 교화라는 명분으로 수령을 대신하여 그러한 사안에 대한 재판권과 기초적인 처벌권의 행사가 가능했다. 군현의 최고책임자인 수령도 이들에게 부여된 이러한 권한을 어느 정도 인정하고 있었다.

17세기의 향청은 자치 기구로서의 성격을 지님과 동시에 일정 수준의 향촌 장악력을 보유하고 있었다. 이에 중앙 정부는 효율적인 지방 통치를 도모하기 위하여, 향촌 장악력을 지닌 이들을 조력자로서 적극 활용하고자 하였다. 그 결과, 향청은 부세 징수, 토지대장 및 호적대장 작성 등 다양한 지방 행정의 운영 과정에 참여하며 행정 기능을 담당하게 되었다.

다만 이때 향청이 지닌 행정적 기능은 직접적인 실무 담당이라기보다는 실무에 대한 관리와 감독의 성격이 강하였다. 예를 들면, 면리제面里制 및 오가작통제五家作統制 등으로 연결되는 향촌 내 공적 사회제도 속에서 면리임面里任과 통수統首 등의 하급 직임자들이 주요 실무를 수행했다. 이들의 업무는 조세의 중앙 상납, 환곡을 비롯한 각종 공곡公穀의 징수와 분급, 호적 작성 책임, 그리고 군역 관련 업무 등이 포함된다. 향청은 이 과정에서 하급 직임자들이 수행하는 모든 행정적 업무를 감독하는 역할을 담당하였다. 즉, 행정업무의 지휘계통상 실무에 대한 감독과 관리 책임을 지는 형태로 행정적 기능을 수행했던 것이다.

이처럼 향청은 지방사회에서 수령의 지방행정에 대한 조언과 자문은 물론 직접, 이서들에 대한 규찰, 그리고 최하 생산 단위이자 행정 단위인 면리와 통統 조직을 기반으로 각각의 직임자가 수행했던 여러 가지 부세 업무를 비롯한 행정 운영을 지휘 감독하는 위치에 있었다. 따라서 향청은 행정상의 지휘계통과 군현의 통치 체계상 지방행정의 최고책임자인 수령과 이서로 직접 이어지는 관사체계官司體系와 구분되면서 병렬적인 형태로 공존했던 것이라고 할 수 있다. 그로 인해 향청의 지위는 수령에 버금가는 위치를 지닌 존재로 인식되며, '관가官家의 아관亞官'이라고 불리기도 했다.

그러나 이러한 향청의 지위는 여러 가지 외적 여건의 변화와 함께 점차 격하되어 갔다. 향소의 선출 과정에서 기존 향회의 추천이 생략되고, 수령이 이를 주도하며 필요한 인물을 임명하는 경우가 후대로 갈수록 주된 방식으로 바뀌어 갔다. 조선 후기 수령의 행정 지침서의 성격을 지닌 『목민고牧民攷』에는 향소 선출 시에 향청에 일임하지 않고 현직 향소와 기타 직임자가 각 읍내에 재능 있는 자를 추천하여 가려 뽑아 임명하도록 했다.

17세기 이후 면리제의 당위성이 제고됨에 따라, 각종 정령政令의 실행과 부세수취 및 심지어 향풍 교화 업무도 면리제를 매개로 수행하는 현상이 나타났다. 이때 향소는 여전히 행정적인 업무수행에서 면리제 하의 면리임을 감독하고 한편으로 이서를 규찰하며 향풍 교화의 업무를 관장하고 있었다. 그러나 동일한 군현 단위 기구였던 질청의 수리首吏들과 향소 간의 업무 분장이 명확지 않게 되었다. 이는 향소의 전통적인 지위의 약화를 촉진시키는 하나의 요인이 되었다. 실제로 수령의 입장에서 저술된 많은 목민서에는 이제는 향소를 질청의 수리와 동렬화하고, 면리임을 하급 이서와 동일시하는 면이 확인되고 있다. 이러한 변화 속에서 신향新鄕으로 지칭되는 경제력을 배경으로 새롭게 등장한 자들이 다양한 향임직에 참여를 도모하였다. 이 과정에서 이전부터 향권鄕權을 장악하고 있던 재지세력인 구향舊鄕과 갈등을 일으켰다. 구향과 달리 새롭게 향소의 직임에 진출하려 했던 신향은 대부분 자신들의 경제력에 걸맞은 정치적 지위라는 목적 달성을 위해 수령권과 밀착되어 갈 경향성이 높았다.

이상과 같은 변화 속에 군현을 다스리는 동반자이자 재지 세력의 상징으로서의 기존의 향소가 지닌 지위의 하락은 피할 수 없는 현상이 되었다. 그 결과 18세기 이후 향청은 수령의 하부 행정체계로 일원화되어 갔다. 앞서 성종 연간 복립된 이후 유향소는 향사당의 역할이 강조되었다고 언급한 바 있다. 그러한 이유로 조전 전기까지 향사당의 위치는 주로 관아에서 멀리 떨어진 경치가 뛰어난 곳에 있었던 것으로 알려져 있다. 그러다가 조선 후기에는 점차 지방관아의 영역 안으로 이동하게 되는데, 이러한 현상은 본래 수령을 규제하던 향청의 기능이 점차 수령을 보좌하는 역할로 격하된 실상을 단적으로 보여주는 것으로 해석되기도 한다.[25]

조선시대 향청의 건물은 현재 몇몇 지역에서 복원된 것은 있지만 원래의 모습을 그대로 보존하고 있는 곳은 없다. 따라서 향청의 원형을 정확히 알 수는 없지만, 조선 후기 읍지 등의 기록에서 대체로 어떤 구조와 어느 정도 규모였는지는 헤아려 볼 수 있다. 『호서읍지湖西邑志』의 기록에 보이는 충청도 각 군현 향청의 규모는 목牧 관아의 경우 15-18칸, 군·현 관아의 경우는 5-12칸 정도의 규모로 작게는 5칸에서 크게는 18칸에 이르렀다.[26] 그리고 남아있는 관아도와 읍지에 보이 향청 건물에 대한 설명 등을 종합해 보면 'ㄱ자' 형태 또는 'ㄷ자' 형 평면으로 대청을 중심으로 온돌방과 경우에 따라서는 부엌이 딸린 구조를 지녔을 것으로 여겨진다. 부엌이 부속된 구조를 지니고 있음은 흥미로운데, 아마도 근무하며 때로는 숙직을 하면서 식사를 해결하거나 업무와 관련해 찾아오는 사람들을 간단히 접대하는 경우도 있었을 것으로 추정된다.

그림 8
고창 읍성내 복원된 향청, 한국학중앙연구원 한국향토문화전자대전에서 전재

② 질청[作廳]: 행정과 재정의 실무를 수행하다.

　조선시대 향리들이 근무하던 청사를 질청이라고 한다. 다른 말로는 인리청人吏廳 또는 성청星廳이라고도 불리며 소관 업무의 처리뿐만 아니라 회의, 때로는 연회 장소로도 사용되기도 했다. 지방관아의 공간 구성에서 질청이 언제부터 설치되었는지는 알 수 없지만 16세기 초반에 이미 그 존재가 확인된다.[27] 질청은 고려시대까지 지방에서 토착 지배 세력으로써 상당한 영향력을 가지고 있던 향리들의 위상 변화와 맞물려 성립되었다. 흔히 지방을 의미하는 말로 사용된 '읍'은 중앙의 수도[京都]에 대칭되는 지방의 군현 곧 '고을'이란 뜻으로 사용된다. 그래서 읍에서 관아가 소재한 지역은 '읍치',

그 읍치를 둘러싼 성城을 '읍성', 읍의 향리들은 '읍리邑吏'라 호칭되었다. 고려 초기 이래 지방행정 구획은 읍격邑格에 따라 주州·부府·군郡·현縣으로 불리었다. 고려시대 향리들이 집무했던 청사는 이러한 읍격에 맞추어 '주사州司·부사府司·군사郡司·현사縣司'로 지칭되었고 이를 통칭하여 '읍사邑司'라고 하였다. 여기서 '사司'란 각종 행정 업무를 관장하는 관청·관아·관사란 의미를 지닌다.[28] 그리고 이러한 읍사에서 향리 계층의 우두머리인 호장戶長이 인신印信을 가지고 지방행정 사무를 집행하며 전체 향리를 대표하였다.

그런데 조선 초기부터 정부의 중앙집권화 노력으로 향리는 점차 지방의 토착 지배 세력으로서의 성격이 약화되고 수령의 지방행정 실무자로 변질되어 가는 한편, 향리 조직 체계에 있어서도 변화가 생겨났다. 6방房이 향리 집단의 핵심 조직으로 점차 자리 잡아 가면서 호장과 함께 이방吏房, 그리고 지역에 따라 수형방首刑房을 포함한 삼공형三公兄을 중심으로 운영되었다.[29] 그러다가 후기로 오면서 호장층은 향리 집단의 대표자로서 상징성과 권위만을 지닌 명예직이 되어가면서 그 존재와 역할이 약화되었다. 이로 인해 그의 근무처인 읍사 또한 관아의 노비 관리나 치계시탄雉鷄柴炭[30]의 조달에 관련된 잡무를 담당하는 것으로 변질되었다.[31]

이에 따라 기존에 읍사에서 맡아 온 여러 행정의 실무 기능은 6방을 비롯한 아전들이 집무하는 관청인 질청으로 옮겨가게 되었다. 6 방 가운데 이방은 수리首吏로서 호장과 함께 사실상 읍사를 모두 살 피는 핵심적인 존재였다. 그는 다른 인리人吏·통인通引·사령使令 등 관 아의 말단 행정 및 잡다한 잡무를 담당한 관속官屬들을 천거하고 고 과권을 행사하며 이들을 관할하는 역할을 맡았다. 그밖에 이방의 주 요 업무는 전곡錢穀의 출납을 맡아보던 관아의 관원이나 수령의 교체 시 후임관에게 사무와 물품을 인계할 때 작성하는 문서인 해유문서 解由文書, 수령의 도임장到任狀을 비롯해 관아의 주요 공문서를 작성하 는 등 다양한 권한을 행사했다. 한편 6방 가운데 형방刑房은 기본적 인 업무로 사송詞訟·형구刑具·죄수罪囚를 비롯한 형률刑律에 관한 일을 관장하였는데, 조선 후기 사회경제적 변화와 더불어 늘어나는 백성 들 사이의 다툼 과정에서 이들이 올린 각종 민장民狀을 처리해야 했 기에 법률에 대한 일정한 지식과 자격 조건이 요구되었다. 그로 인해 다른 아전들에 비해 승진에 각종 특혜가 주어지기도 했다. 아울러 조선 후기에는 업무 자체의 증가로 인한 기구의 확대로 대부분의 군현에 형리청刑吏廳이라고 불린 독립된 청사가 설치되었다.[32]

그런데 읍사의 여러 행정실무가 아전들의 질청을 중심으로 옮겨 가면서 질청의 위상은 기존 읍사와 다르게 변화했다. 읍사가 호장 층을 중심으로 향리들이 자치적으로 운영했던 성격이 강했다면, 질청은 수령 휘하의 기구로 완전히 편입된 관아 기구가 되어갔다. 그리고 시간이 지나면서 6방 중심의 질청은 더욱 복잡해진 행정실무를 담당하는 과정에서 기능적으로 전문화되었다. 그 과정에서 이미 언급된 형리청 외에도 지역에 따라서는 업무의 독자성을 지닌 호방소戶房所·공방소工房所 등 질청 외에 6방 별로 독립된 청사를 가지는 경우가 많아졌다. 또한 특정 행정업무에 특화된 직임의 세분화가 진행되면서 서원청書員廳·호적청戶籍廳·통인청通引廳·군적청軍籍廳 등으로 불렸던 아전 집단과 관련된 기구의 별설도 이루어졌다.[33]

18세기 이후에는 질청을 중심으로 한 아전들의 근무처가 이와 같이 확장되어 가면서, 이를 부르는 다른 말로 연방椽房 또는 연조椽曹라는 호칭이 나타났다. 이러한 호칭은 아전들이 자신들의 집무처를 중앙의 육조와 비교하여 존칭으로 높여 부른 것이다. 이는 아전들이 자신들이 담당한 행정실무를 스스로 자랑스럽게 여기고 있었음을 엿볼 수 있는 명칭이기도 했다.

이렇듯, 질청은 아전들이 자신들의 업무를 스스로 중요하게 여기며 만든 명칭이 등장할 만큼, 수령의 지방행정의 운영에 있어 핵심적이며 중추적인 역할을 수행하는 관아의 주요 영역으로 자리 잡게 되었다. 그에 따라 조선 후기 여러 목민서에는 수령의 중요한 역할 가운데 하나로 아전들을 적절하게 단속하는 일에 대해 자주 언급되며 강조되기도 했다. 예를 들면 정약용의 『목심심서』의 기록에는 오히려 혼미한 수령이 질청의 수리를 심복心腹으로 알고 밤에 몰래 불러 서무庶務를 의논하는 경우가 많다거나, 반대로 수리의 권한이 크기 때문에 읍의 사무를 전적으로 맡겨서는 안 되고, 죄가 있으면 반드시 벌을 내려 백성으로 하여금 의혹이 없게 해야 한다고 했다.[34] 이는 질청 수리의 역할과 위상을 단적으로 보여주는 언급이다. 그러나 다른 한편으로는 수령의 심복이 되어 인사권자인 수령에의 예속성이 더욱 커지고 있음을 말해주는 사실이기도 했다.

질청이 관아의 주요 영역으로 자리 잡으면서, 이를 운영하기 위한 재정의 규모 역시 증가하였다. 이에 따라 그 재원을 마련하기 위해 다양한 방법이 동원되었다. 먼저 우선 국가에 부세를 납부하는 과정에서 지방관아에서 거두는 일종의 '부가세'인 읍징邑徵에서 충당되었다. 예를 들면 상납하는 쌀의 품질을 보기 위한 간색미看色米, 되질이나 말질하는 과정에서 발생하는 바닥에 떨어진 낙정미落庭米나 타석미打石米 등이 여기에 해당되었다. 신입 이서들이 질청의 구성원으로 들어올 때 내는 신례전新禮錢이나 호적을 작성하는 식년式年에 해당 업무를 위해 호적색戶籍色이나 연초에 대동미 상납을 위해 대동색大同色 등 특정 업무로 차출될 때 납부하는 차례전差例錢 등도 질청의 주요 재정이 되었다. 또한 질청의 하위 기구에 해당되는 관노청, 통인청, 사령청 등의 수입에서 일부를 내어 공동 부담하기도 했다. 그러나 무엇보다도 질청운영 경비의 가장 중요한 재원은 계방촌契房村이었다. 계방에는 이계里契와 호계戶契가 있는데, 계방촌으로 지정된 이里와 호戶는 1년에 일정액의 계방전契房錢을 내면 환곡의 강제 분배를 면하고 민고民庫[35]에서 부과하는 잡역세雜役稅를 모두 면제받기도 했다. 이러한 계방촌으로부터 징수된 계방전은 향청이나 형리청 등의 경비로도 일부 사용되었으나, 그 대부분은 질청의 재정이 되었다. 이는 국가의 공식적인 제도로서 마련된 것은 아니었지만 사실상 각 군현에서 관행적으로 거의 '제도화'되어 있는 것이었다. 질청에 소속되어 다양한 군현의 실무를 담당한 아전들에게는 그와 같은 명목들은 이들이 존립하고 성장할 수 있는 중요한 경제적 기반을 제공했다. 그러나 그 과정에서 이들에 의해 발생되는 여러 가지 폐단이 함께 문제로 지적되기도 했다.[36]

한편 현재 조선시대 질청의 청사는 향청과 마찬가지로 고창 읍성 내를 비롯해 몇몇 지역에서 복원된 것은 있지만, 기록상의 현존 유구가 거의 남아있지 않아 본래의 원형을 알 수 없다.

조선 후기 읍지에 보이는 몇몇 기록을 보면, 목천현의 경우 마루가 6칸, 동쪽에 방 3칸과 부엌 2칸, 서쪽에 방 3칸과 부엌 1칸으로 총 15칸의 규모로 구성되었다. 비인현은 청사는 12칸, 고직庫直이 5칸

에 문이 1문으로 독립된 영역을 형성했던 것으로 확인된다. 대개는 'ㄷ자' 형태의 평면 구성이 주류를 이루었고, 읍지의 지도상 그림으로 'ㄴ자' 형태도 많이 보인다. 따라서 군현의 크기, 인구, 토지 규모 등에 따라 크기와 형태가 다양했겠지만, 대개는 'ㄴ자'나 'ㄷ자' 형태의 구조였을 것으로 추정되며, 이는 향청과 동일하게 온돌방과 부엌이 부속된 구조였기 때문으로 생각된다.[37]

③ 객사: 국왕 친정親政의 상징적 공간이며 다양한 빈객賓客을 맞이하다.

조선시대 읍치의 관아 영역에서 객사는 동헌과 함께 중요한 의미를 지닌 곳이었다. 수령의 집무처인 동헌과는 구분되어 대개는 주

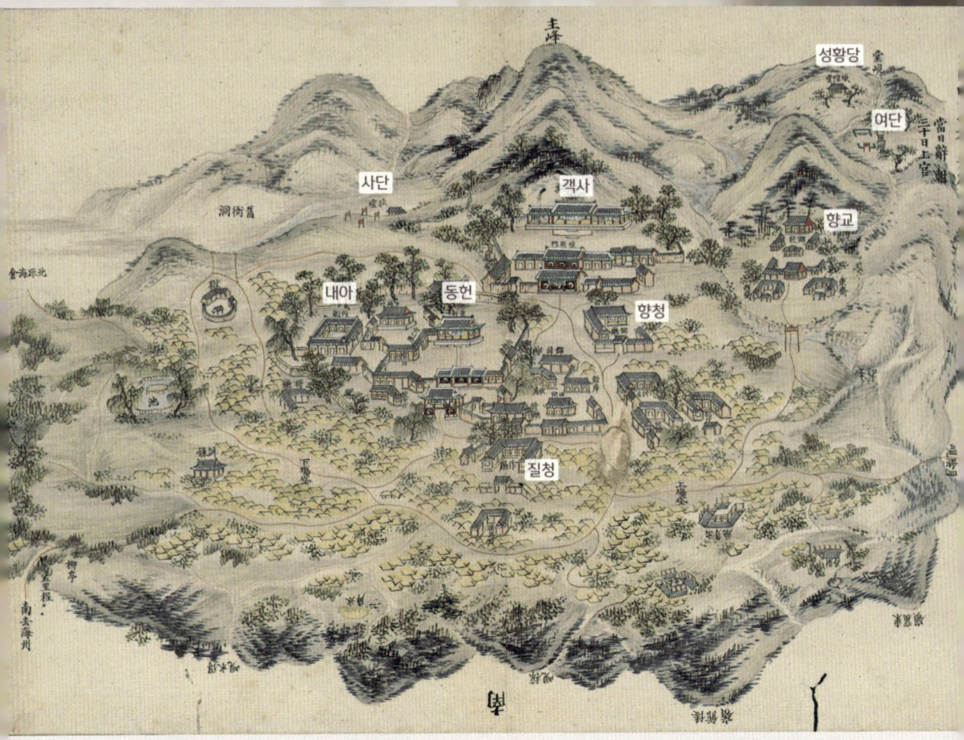

성황당

여단

사단

객사

향교

내아

동헌

향청

질청

그림 10

〈숙천제아도〉, 황해도 재령군 관아의 모습, 하버드대학교 엔칭도서관 소장, 국립중앙도서관에서 전재

그림 11

재령군의 객사 영역 확대

위에 벽을 둘러 공간을 구별하여 독립적인 영역을 갖추었다. 황해도 재령군 관아의 모습을 비교적 자세하게 묘사한 〈그림 10〉은 객사가 동헌과 분리된 독립된 영역을 가지고 있음을 잘 보여준다.

〈그림 11〉은 객사 부분을 확대한 것인데, 외삼문과 내삼문을 거쳐 객사로 이어지며 담으로 둘러싸인 객사의 모습을 잘 표현하고 있다. 그림에서 보이듯, 객사의 건축 양식은 통상적으로 세 개의 지붕을 가진 독립적인 공간을 일렬로 맞붙여 놓은 형식이다.

가운데 건물은 흔히 정청正廳, 또는 대청大廳으로 불린다. 이곳에는 국왕을 상징하는 '전殿'자가 새겨진 목패인 전패殿牌를 모셔 두었다. 그리고 좌우의 날개 형태로 보이듯 배치된 공간은 통칭해서 익헌翼軒이라고 했고, 동쪽은 동헌東軒, 서쪽은 서헌西軒이라고도 불리었고, 숙소의 용도였기 때문에 각각 온돌방을 갖추었다. 평면 형태의 구성상으로 보면 지역에 따라 이 세 공간은 분리된 곳도 있고 일체형으로 이루어지며 약간의 차이를 보이기도 한다.

각 공간의 구성을 보면, 국왕의 전패를 봉안하는 중심 공간인 정청은 형태적으로는 동·서헌보다 한 단 높은 지붕의 형태를 취했지만, 규모 면에서는 동헌이 서헌보다는 컸으며 정청보다도 큰 규모를 가짐으로써 객사 건물에서 가장 큰 공간을 차지하였다. 상징적인 의례 공간인 정청보다 좌우의 익헌이 가진 기능적인 역할이 그

그림 12

나주 객사 금성관錦城館, 국가유산청 국가유산포털에서 전재

에 못지않았기 때문이라고 볼 수 있다. 이를테면, 객사라는 장소가 가지는 상징적인 측면보다는 여행자들의 숙식 해결이라는 기능적 측면이 조금 더 강조되었기 때문이었다. 이러한 객사의 기능적 측면은 읍치 내에서 객사의 위치가 군현을 통과하는 주도로主道路와의 관계를 고려하여 배치되었음을 짐작게 해준다. 실제로 조선 후기 지방지도에 나타난 객사의 위치는 대체로 읍치 내의 주도로, 즉 대로상大路上에 가깝게 위치하고 있는데, 이는 객사와 그러한 주도로와의 관련성을 잘 보여주는 사실이다. 그리고 이러한 대로상에 위치한 넓은 공간은 많은 사람들이 오가거나 모이는 곳이 되었다. 그러한 이유로 조선시대 많은 군현에서 관아의 관문官門과 함께 객사

앞 혹은 그 인근은 장날에 장시場市가 개설되는 주요한 공간이 되기도 했다.[38] 앞선 〈그림 4〉를 자세히 보면 해미현 객사 앞에 "5일에 장시가 열린다邑市五日開市"고 기록되어 있음은 이를 잘 말해준다.

한편, 객사는 수령의 동헌과 마찬가지로 군현마다 각기 고유한 건물의 이름을 가지고 있었다. 동헌의 건물 이름이 고을의 지세와 풍광, 수령의 다스림 등을 반영한 작명이 많았다면, 객사는 그 고을의 옛 이름에서 따온 경우가 대부분이었다. 예를 들면 충청도 공주목 객사는 옛 명칭인 웅주熊州에서 유래한 웅주관熊州館, 나주목 객사의 경우 나주의 옛 이름인 금성에서 따온 금성관錦城館, 광주목 객사 역시 광주의 옛 명칭인 광산관光山館이었다. 〈그림 11〉의 재령군 객사의 명칭인 안릉관安陵館 역시 외적의 침입을 물리치는 데 유리하고 안전한 지역이라 하여 '안릉'이라고 불린 재령군의 옛 이름이다. 객사의 건물 이름이 지방 군현의 옛 이름에서 유래하고 있음은 객사가 지닌 국왕에 대한 상징을 보여주는 것이다.

아울러 〈그림 11〉에는 객사의 좌우익헌의 동헌은 인보헌寅寶軒, 서헌은 망의헌望義軒이라는 명칭이 보인다. 나주 객사 금성관의 동헌에도 벽오헌碧梧軒이라는 별도의 편액이 걸려 있다. 지역에 따라서 익헌도 별도의 명칭을 가지고 있었던 것으로 짐작된다.

객사의 유래는 고려시대부터로 알려져 있다. 『고려사』에는 1018

년(현종 9) 고을의 규모에 따라 1-4명의 '객사사客舍史'를 두어 객사의 관리를 맡겼다고 했으며, 영빈관迎賓館, 회선관會仙館, 오빈관娛賓館 등 여러 객사에서 외국 사신을 접대한 사실들이 보인다. 고려시대까지 객사는 빈객의 접대를 주요 목적으로 설치되었음을 알 수 있다. 그러다가 조선 초기 예제의 정비 과정에서 객사 의례의 제도적 정비가 이루어지며 전패를 모셔 두고 망궐례望闕禮를 행하는 공간으로써의 역할도 가지게 되었다. 조선 전기에 망궐례는 정월과 동지, 그리고 왕의 탄일에 행해졌다. 그러다가 점차 매달 정기적으로 초하루와 보름에 행해지는 것으로 정례적으로 일상화되어 갔다.

18세기 황윤석이 쓴 『이재난고頤齋亂藁』에 의하면 망궐례는 새벽에 전패를 향해 네 번의 절[四拜]을 행하고 세 번 향을 피우며[上香] 세 번 머리를 조아리는 고두叩頭를 행했다. 그리고 천세千歲를 외치고 재차 천천세千千歲를 외친 후 다시 네 번의 절을 하는 것으로 묘사하고 있다.[39]

객사의 정청에 모셔둔 전패는 왕과 동일한 존재였다. 따라서 부임지에 도착하여 왕을 직접 알현할 수 없는 지방관은 전패 앞에서 왕에게 올리는 이러한 의례를 동일한 절차로 행했던 것이다. 이는 객사라는 장소가 가지는 상징적인 측면의 역할을 가장 잘 보여주는 것으로 볼 수 있다. 객사에서 행해졌던 망궐례는 수령이 국왕에 대해 충성을 다하겠다는 다짐의 표현이었다. 그리고 한편으로는 수령의 권한이 국왕에게서 근원한다는 것을 해당 군현의 백성들에게 보여주는 상징적 행위였던 것이다. 이와 같은 의례를 통해 부여받은 지방관의 권위는 국왕 중심의 집권적 지방 지배를 실현하는 하나의 정치적 장치가 되었다. 재임 시의 망궐례뿐만 아니라 새로 부임하는 수령이 부임지의 경내로 들어와 가장 먼저 객사를 향해 배례拜禮를 행했던 것도 이와 동일한 의미를 지닌 것이었다. 객사의 정청은 이 밖에도 국왕이나 왕실에 경사스러운 일이 있을 때 작성하는 전문箋文을 올리는 의식이나 반대로 국왕이 내린 교서敎書나 윤음綸音, 그리고 군현의 주요한 여러 의례가 있을 때에 사용하도록 국왕이 내려주는 향인 내향內香을 맞이하는 의식 등 국왕과 관련된

그림 13
제주 정의현 객사의 전패,
세계유산본부 소장, 국가유산청 국가유산포털에서 전재

여러 의례가 행해지는 주요 공간이었다.

그러한 점에서 객사는 국왕의 친정親政을 상징하는 공간이 되었다. 따라서 전패를 훼손하거나 모독하는 자는 대역죄로 다루었고, 전패를 제대로 관리하지 못한 수령에게도 엄한 처벌이 이루어졌다. 그럼에도 불구하고 군현의 수령에게 불만을 품은 자들이 전패에 위해를 가하는 전패작변殿牌作變을 일으켜 불만을 드러내는 사건이 종종 발생하였다. 몇몇 사례를 살펴보면 다음과 같다.

먼저 1662년(현종 3) 충청도 온양에서 사노私奴 생이生伊는 우마牛馬를 훔쳤다는 누명을 쓰고 몰래 전패를 훼손하면 온양 군수가 파직되어 교체될 것이란 이야기를 듣고 객사에서 전패를 훔쳐내어 세 조각으로 깨뜨려 옥 주변 길가에 버렸다가 체포되었다.[40] 1671년(현종 12)에는 경기도 연천의 관노官奴 애립愛立은 죄를 지은 주인 대신에 매를 맞는 것을 원통히 여겨 작변을 일으켰다.[41] 이후에도 수령을 몰아내거나 모함하기 위한 목적에서 전패를 훼손하는 일이 반복되었다. 1736년(영조 12) 충청도 충원현忠原縣 창리倉吏 최하징崔夏徵은 창곡을 마음대로 처리한 사실이 탄로 날까 봐 두려워 노비 북동을 시켜 전패를 훔친 후 돼지우리에 던지게 하였다.[42] 1749년(영조 25)에는 함경도 안변부의 사노 유찬적劉贊迪이 주인 성생원成生員의 죄를 대신해 매를 맞은 것을 분하게 여기고 있다가 마침 죄인을 기일 내에 잡아 오라는 안변 부사의 명령을 수행치 못한 죄로 장을 맞은 것에 불만을 가진 유인찬尚仁贊을 알게 되었다. 안변부사에게 공통적으로 원한을 가졌던 이 둘은 전패에 변이 생기면 부사가 파직될 것이라고 여기고 함께 공모하여 전패를 불태워 버렸다.[43]

이처럼 전패는 수령이 지방행정의 최고책임자라는 권위를 부여받는 상징이 되었지만, 한편으로는 이로 인해 전패작변이 계속 일어나는 이유가 되기도 하였다. 이는 전패를 관리하는 관할 수령을 모함하거나 쫓아내기 위한 좋은 구실이 되었기 때문이다.[44]

객사라는 공간이 지닌 또 다른 중요한 역할은 공무로 중앙에서 내려온 관리, 혹은 감사監司 등 상관들이 머무는 곳이었다. 객사의 양쪽 익사인 동헌과 서헌은 각각 방문하는 사람의 직급과 품계에 따라 이용되었다. 1670년(현종 11)의 전교에 보면, "외방의 객사에서는 순찰사巡察使와 통제사統制使는 동헌으로 들어가고, 절도사節度使는 서헌으로 들어가며, 도사都事와 우후虞候는 낭청방으로 들어간다. 기타 명을 받아온 관원은 이를 기준으로 등급을 나누어 접대한다."[45]라고 하였다. 객사에서 빈객의 접대는 공식적 규정이 생길 만큼, 수령의 일상에서 중요한 업무가 되었음을 알 수 있다.

16세기 권문해權文海의 『초간일기草澗日記』에는 1580년 11월부터 1582년 1월 3일까지 그가 공주 목사 재임 시 객사에 방문한 많은 빈객實客들에 관한 기록이 보인다. 〈표 1〉을 통해 1년이 조금 넘는 재임 기간 동안 거의 매달 빠짐없이 많은 사람들이 방문하여 접대하고 있음을 알 수 있다. 방문한 이유는 다양했다. 예를 들면 성주 목사로 새로 임명된 류중정은 부임지로 가는 도중에 공주에 이르러 서헌西軒에서 묵었고 권문해는 그와 밤이 깊도록 이야기를 나누기도 했다. 이처럼 수령은 부임이나 공무를 위해 감사·병사兵使·수사水使·차사원差使員·경차관敬差官·타 지역 수령 등이 해당 군현을 방문하거나 경유하는 경우에 이들을 맞이해야 했다. 감사가 수령을 방문하는 이유는 두 가지 정도였다. 하나는 각 고을을 순력巡歷할 때였고, 다른 하나는 교체되어 신임관이 부임하거나 구임관이 상경하는 과정에서였다. 다른 지역의 수령이 방문하는 이유는 다양했지만 앞서 언급한 부임지로 가는 도중, 그리고 공무로 감영을 왕래하거나 다른 군현에서 공무를 수행하기 위한 방문한 경우가 많았다.

서울에서 파견되는 고위 품관이나, 수령에 대한 감찰권을 갖고 있는 감사監司나 병사兵使 등의 상관에 대해서는 그 대우가 매우 중요했다. 공무나 기타 이유로 방문할 것이라는 선문先文을 받은 경우 수령은 미리 객사에 나아가 이들을 맞이할 준비를 해야 했다. 그리고 그곳에 머물렀던 손님이 출발할 때에도 객사로 나아가 전별하기도 했다.

〈표 1〉 권문해의 공주목사 재임 기간 감사 및 빈객賓客의 방문 사례

일자	빈객[성명]	일자	빈객[성명]
1580년		6. 9.	호남 신도사新都事[조경식趙景式]
11. 28.	장성長城수령[유영건柳永建]과 모부인母夫人	6. 13.	취도회제생聚都會諸生
12. 3.	영광靈光수령	6. 13.	수찬修撰[홍적洪迪]
12. 5.	판관判官	7. 6.	신감사, 가도사假都事[김응귀金應龜]
12. 10.	첨지중추부사[허진許晉] 정산定山현감[조윤희曺胤禧]	7. 10.	도사[조사경趙士敬]
12. 30.	감사監司[권극례權克禮], 도사都事[윤경尹曔]	7. 12.	수사水使[정원상鄭元祥]
1581년		7. 19.	수사
2. 29.	동지同知[최웅崔雄]	8. 16.	충청우도경시관忠淸右道京試官 [윤담휴尹覃休]
3. 5.	승문정자承文正字[이언길李彦吉]	8. 29.	의금부도사[이철용李哲容]
3. 6.	경차관敬差官[류경柳景]	9. 2.	감사
3. 14.	성주목사星州牧使[류중정柳仲精]	9. 14.	감사, 경차관
4. 3.	감사, 도사	9. 15.	해운판관海運判官[홍세영洪世英], 감사
4. 4.	감사, 도사	9. 17.	별좌別坐[남장보南張甫]
4. 9.	감사, 도사	10. 3.	정산수령[이언길]
4. 10.	정산현감, 도사	10. 26.	진잠鎭岑수령[남궁제南宮悌], 감사
4. 17.	정산수령	10. 27.	전문차사원箋文差使員[황의원黃義元]
4. 20.	경차관[박상초朴尙初]	11. 22.	영상領相[박순朴淳], 감사, 병사, 수사, 도사
5. 13.	전라 전감사[손식孫軾]	11. 23.	대사간大司諫[이중호李仲虎], 병사, 수사
5. 14.	전라 신감사[이가겸李可謙]	11. 24.	대사간[이중호], 감사
5. 16.	부여夫餘수령[최세해崔世瀣]	11. 24.	대사간, 감사, 병사, 수사
5. 25.	전 황주黃州판관[한경우韓景祐]	12. 14.	영상, 병사, 수사, 도사

* 여상진, 「조선시대 객사의 영건과 성격 변화」, 서울대학교 박사학위논문, 2005, 118쪽
  표 수정보완 재인용.

차사원은 특별한 임무를 띠는 임시직이다. 중앙에서 내려오기도 했지만 지방 수령 중에서 감사가 차정하는 경우가 대부분이다. 이들은 각기 특정한 임시 업무를 맡아서 상경上京하거나 해당 지역으로 이동하는 과정에서 거쳐 가는 군현에서 식사를 해결하거나 유숙留宿하였다. 수령은 경우에 따라서는 아주 중요한 임무를 가진 차사원을 맞이하기 위해 개인의 일을 잠시 늦추기도 했다. 또한 경차관은 중앙정부에서 지방으로 다양한 특정 업무를 띠고 파견되었기 때문에 수령은 그의 출발에서부터 모든 일정에 많은 관심을 쏟으며 맞이하고 보내야 했다.

공식적인 사유로 경유하거나 방문하는 경우 외에도 부모를 만나러 가는 근친覲親이나 부모나 조상 묘를 벌초하고 성묘하는 소분掃墳 등의 사적인 이유로 휴가를 내서 여행하며 방문하는 상황도 많았다. 이때에도 관원의 신분이므로 대부분 객사에서 머물렀다. 『경국대전』의 규정에 따르면 수령은 7일의 휴가를 받고 본인과 그 가속 등이 해당 지역을 왕래 과정에서 영송을 받을 수 있었다.

객사에 머무는 빈객 가운데 공무를 띠고 왕래한 관원들은 중앙정부가 국정을 운영하는 행정적 편의의 연장에 있었다. 이들의 왕래가 신속하게 처리되어야 중앙정부로 일원화되고 통합된 정치 운영이 가능했기 때문이다. 따라서 수령이 행한 접빈객은 개인적이라기보다는 지방관으로서 해당 지역을 왕래하는 여행자들에 대한 공적 업무의 일단이기도 했다. 그밖에 수령은 접빈객을 통해 중앙정부의 소식이나 본인과 관련된 인물들에 대한 조정 내의 소식을 접하기도 했고, 때로는 왕래하는 빈객을 통해 신속하게 서울과 서신 교류를 하기도 했다.[46]

이처럼 객사는 다양한 이유로 공적 업무를 대행하는 관리에게 여행의 편의를 살피는 중요한 공간이 되었다. 그에 따라 객사에서의 접빈객은 수령의 일상 업무 가운데 적지 않은 비중을 차지할 수밖에 없었다.

2

백성들을 위한
수령 행정의 실제

전통 시대 농업은 천하 국가의 근본[農者天下之大本]이라고 불리었으며 이는 조선시대에도 마찬가지였다. 그에 따라 조선 왕조는 조선 전기부터 농업생산의 안정과 증대를 위해 농민들의 생산 활동을 국가에서 적극적으로 장려·지원하는 다양한 농업정책農業政策을 추진했다.

조선 왕조가 시행한 농업정책의 첫 번째는 농사의 시작과 함께 농업생산의 원활한 수행을 조장하고 지원하는 권농勸農이다. 두 번째는 실제 농업생산이 진행되는 시기에 각 지역의 농형農形(농사의 상황)과 우택雨澤(강수량)의 파악을 통해 다양한 변수에 대응하며 농업생산을 관리 감독하는 감농監農의 측면이다. 마지막으로 농업생산의 과정은 언제나 사람의 힘으로는 어쩔 수 없는 자연재해의 영향을 받기 마련이었다. 이에 따른 다양한 요인에 의해 피해가 발생하여 흉년을 맞게 될 때 농민들의 재생산을 최소한으로 보장하기 위한 진휼賑恤이 시행되었다. 여기서 진휼은 흉년이 발생했을 때 농민들에게 부세를 감면해 주고, 종자와 식량을 분급하며, 굶주린 백성을 무상으로 구제하는 등의 제도와 이의 실행을 말한다. 이러한 조치는 흉년에 처한 농민들로 하여금 생존 위기를 극복하여 최소한의 지속적인 재생산을 가능하게 했다는 점에서 의미가 있다. 이러한 일련의 과정을 농작물의 피해를 최소화해 나가며 농업생산의 안정화를 이루어 나가고자 했던 조선 왕조의 농정책과 그 실현이라는 관점에서 보면, 진휼은 한 해 농사의 시작과 함께 연속성을 지닌 여러 과정의 하나였다. 그리고 자연재해의 영향을 받을 수밖에 없는 농업생산의 특성상 이때 발생하는 크고 작은 피해는 사실상 반복적으로 발생하는 일상에 가까운 일이었다. 그러므로 진휼의 성격은 일회성의 부정기적인 대책 혹은 임기응변의 특별한 시혜나 시책이었다고 볼 수 없다.

조선시대 각 군현의 수령은 이처럼 중요한 의미를 지닌 진휼을 재해 현장에서 실행에 나가는 중요한 존재였다. 이때 수령은 중앙에서 마련된 진휼 규정의 대체에 기초해 군현 내의 상황에 맞추어 세부적인 운영을 해야 했다. 그와 관련된 구체적 사실들은 수령의 행정지침의 역할을 했던 여러 목민서牧民書에서 볼 수 있다. 여기에 보이는 내용은 진휼 행정의 세부적인 운영 규정이었다. 그리고 그 과정에서 수령에게 최소한의 재량권을 허용한 사실들이 적지 않게 보인다. 그것은 조선시대 여타의 행정업무가 그러하듯 진휼 행정에 있어서도 제도의 효율성 못지않게 인적인 요소가 중요한 관건이 되었음을 말해준다.

이러한 점을 전제하고, 여기서는 먼저 조선시대 진휼 제도의 대강을 정리해 볼 것이다. 그리고 진휼의 실제 사례를 통해 수령이 그 과정에서 어떠한 역할을 하고 있는가에 대해 구체적으로 살펴보기로 한다.

진휼 제도: 전정, 군정, 환곡에 더해 황정荒政으로 불리다.

농업생산 과정에서 발생하는 자연재해는 태풍·홍수·호우·가뭄·폭설·냉해·병충해 등 다양한 원인으로 인한 것이었다. 이 가운데 장기간의 가뭄으로 발생하는 한재旱災와 여름철 단기간의 장마로 인한 수재水災는 정도의 차이가 있었지만 반복적으로 생기는 재해였다. 특히 가뭄은 농민들의 농업생산에 직접적이고 광범위한 피해를 주었기 때문에 이에 대처하여 정부에서도 항상 많은 관심과 주의를 기울였다. 조선 국가에서 시행한 이러한 국가적 대응 노력은 '황정'이라는 말로 표현될 만큼 일상적인 정책 수행의 일부가 되었다. 그 세부적인 내용은 상당히 포괄적이어서 환곡이나 진휼곡의 분급, 각종 부세의 견감을 통한 재해 지역의 기민饑民에 대한 직접적인 진휼 활동뿐만 아니라, 평상시의 다양한 재해 감독과 보고도 주요한 내용을 구성하였다.[47]

농사의 시작과 함께 시작되는 흉년의 대비

농업생산 과정에서 가장 빈번히 발생한 재해는 한재, 곧 가뭄이었다. 그런데 가뭄은 단기간에 집중된 피해를 주는 장마 등의 수재와 달리 서서히 진행되는 특징을 보인다. 따라서 가뭄이 지속되어

가는 기간에 따라 발생하는 재해의 정도나 상황에 맞추어 여러 조치를 어느 정도는 예상할 수 있었다. 그리고 그것은 감농의 과정부터 시작되었다. 감농이란 농사가 시작된 이후 농형農形과 강수량에 대한 지속적인 보고 과정을 말한다. 한 해의 농사가 본격적으로 시작되는 3월부터 군현의 수령은 각 면面에서 올라온 보고 내용을 취합하여 대략 10일에 한 번씩 감영의 감사에게 보고하였다. 그리고 감사는 예하 군현의 수령으로부터 받은 보고를 하나로 정리한 농형장계農形狀啓를 중앙에 올렸다. 여기에는 비가 오기 시작해서 그친 시간과 강수량, 그리고 논과 밭에 파종한 각종 농작물의 성장 상태와 재해의 피해 여부 등 비교적 자세한 내용이 기록되어 있다.

이러한 계속되는 보고의 과정에서 비가 내리지 않아 가뭄의 징후가 보이기 시작하면 가장 먼저 기우제가 시행되었다. 3월 이후 가뭄이 길어지면 국왕이나 신료들은 기우제의 실행을 논의하였다. 4월 무렵부터 가뭄이 해소될 때까지 보통 3-4차례의 기우제를 지냈으며 가뭄이 길어지면 몇 차례 더하기도 했다. 기우제는 못자리의 모를 옮기는 4~5월의 이앙기移秧期와 벼의 이삭이 패기 시작하는 출수기出穗期인 6~7월에 집중되었다. 그런데 기우제는 한편으로는 정치적인 의미를 지닌 행위이기도 했다. 당시 가뭄의 원인은 사회적 원망이 쌓이면 화기和氣가 손상됨으로써 한재가 발생한다는 원기론

寃氣論과 국왕의 허물에 대한 하늘의 꾸짖음이라는 천견론天譴論에 기반하고 있었다. 기우제를 통해 한재를 맞아 죽은 자와 산 자의 억울한 기운을 해소하는 것은 군주가 덕을 쌓는 행위로 간주되었다. 그리고 군주는 여기에 하늘이 응답할 것을 기대했던 것이다.

이처럼 정치적인 의미도 동시에 갖고 있는 기우제는 재해에 대한 대비가 필요함을 알리는 일종의 신호가 되었다. 기우제를 시행한 이후에도 적절한 비가 내리지 않으면, 재해의 진행 과정에 맞추어 흉년을 대비한 여러 가지 예비 조치가 시작되었다. 가뭄으로 이앙의 시기를 놓친 곳에는 서둘러 메밀과 같은 작물을 대신 파종하는 대파代播가 시행되었다. 메밀은 조선시대 대표적인 대파작물이었다. 비교적 가뭄에 강하고 무엇보다도 다른 농작물보다 성장 기간이 짧아서 7월 중순에 파종하더라도 수확할 수 있었다.

한편, 가뭄이 계속되어 흉년이 예상되면 중앙정부는 우선적으로 농민들의 각종 부담을 덜어주기 위한 간접적인 조치를 시행했다. 이를 1809년 큰 흉년을 당한 전라도에서 시행된 사례를 통해 살펴보자.

우선 식년式年을 맞아 시행 예정이었던 과거시험의 1차 시험인 초시初試를 1년 뒤로 미루었다. 마찬가지로 식년을 맞은 호적戶籍·군안軍案의 마감을 이듬해 겨울로 연기하였다. 또한 지방의 유생들에게 시행하는 시험인 공도회公都會[48], 선무병마選武兵馬의 군병에

대한 무예시험인 도시都試를 연기하고 상번군병上番軍兵의 중앙 상
번도 정지하였다. 이는 모두 흉년이 예상되는 시기에 시행된 예비
조치들로서 그 목적은 농민들의 부담과 피곤함을 최소한으로 줄이
고자 했던 것이었다.

이러한 대처와 함께 흉년에 재정을 아끼는 절용節用을 위한 방
안들도 시행되었다. 당시 전라감사 이면응李冕膺은 가뭄으로 흉년
을 당한 상황에 술을 빚어 곡식을 낭비하는 것을 막고자 예하 군현
에 금주령禁酒令을 내렸다. 흉년에 술을 금지하는 금주는 정약용의
『목민심서牧民心書』에서도 상례였다고 지적될 만큼 흉년의 예비 대
책으로써 조선시대 내내 자주 시행되었다. 그리고 왕실에서도 국
가재정을 절약하는 모범을 보이고자 왕실에 올리는 진상進上의 하
나인 어공御供·물선物膳 등을 정지하거나 삭감 등의 조치를 내렸다.
이를 통해 농민들의 부담을 덜어주는 동시에 흉년의 상황에서 백
성들과 어려움을 함께한다는 국왕의 덕의德意를 백성들에게 드러
내고자 했다.

특히 흉년이 예상되는 시기에는 지방관인 수령의 역할이 무엇보
다 더욱 중요했다. 따라서 차후 진행될 진휼 행정의 관리와 감독 강
화를 목적으로 이를 담당할 만한 능력 있는 지방관의 배치가 이루
어지기도 했다. 1809년 흉년이 예상되자 재해의 사정과 읍의 규모,

수령의 능력을 고려하여 익산益山과 고산高山, 구례求禮와 곡성谷城
의 현감을 서로 맞바꾸고, 재해가 심한 보성군寶城郡의 군수가 능력
이 없다고 판단하여 임기가 남았지만 교체하였다.

　이상과 같은 여러 가지 다양한 예비 조치들이 가뭄의 진행 과정
에서 적절히 시행된 가운데 그해 9월 무렵 전라감사는 그동안 올라
온 각 군현의 수령들의 농형 보고를 종합하여 우심읍尤甚邑·지차읍
之次邑·초실읍稍實邑으로 군현의 재해 상황을 세 등급으로 나누어 판
정했다. 그리고 이를 바탕으로 재실분등장계災實分等狀啓를 작성하
여 중앙에 올리게 된다. 중앙정부는 여기에 근거하여 그해에 백성
이 바쳐야 할 각종 부세 등의 부담을 전부, 혹은 부분 감면, 또는 연
기해 주는 견감책蠲減策을 시행했다. 조선시대 견감책에는 재해 지
역 전세田稅를 완전 면제해 주는 급재給災와 재해 정도에 따라 전세
및 대동세大同稅를 부분 감해 주거나 징수를 연기해 주는 특별 견감,
각종 신역과 군포, 환곡의 부분 감면이나 징수를 연기해 주는 조치
가 있었다.

　조선 왕조의 진휼 행정은 이처럼 흉년이 예상됨과 동시에 기우제
를 신호로 하여 6월부터 다양한 간접 예비 대책들이 선행되었고, 그
러한 가운데 수확을 마친 9월 이후 본격적인 진휼을 위한 준비가 이
어지고 있었다.

진휼 행정의 세부 규정과 시행 절차

① 진휼 방식의 종류

진휼의 방식은 위에서 언급한 재실분등장계의 보고 내용에 따라 결정되었다. 여기에는 공진公賑·사진私賑·구급救急의 세 가지 방식이 있다. 공진은 보통 우심읍으로 판정되어 재해의 피해가 가장 큰 지역에서 시행되었고, 그 비용은 공곡公穀에서 지출되었다. 그리고 수령이 자비自備, 곧 스스로 마련한 재원을 이용하면 사진, 진휼 대상 숫자가 적어서 공곡을 소비하지 않으면 구급이라고 했다. 이러한 구분이 진휼에 들어가는 곡물의 성격에 따른 구분이라면, 공진의 규정인 진식賑式에 맞추어 매월 10일 간격으로 3회 시행되는지의 여부에 따라 나누기도 했다. 곧 공진은 월 3회 진식에 맞춰 공곡을 사용한 경우이며, 사진은 진식의 규정에 따르지만 공곡을 사용하지 않은 경우를 말하며, 구급은 진식의 규정을 따르지 않고 군현의 형편에 따라 시행한 경우를 말하기도 했다. 그러나 실제 진휼이 시행되는 과정은 이러한 기본 원칙에 기초하되 재정 상황에 따라 사진과 구급을 할 때도 공곡을 일부 보조하였다.[49] 따라서 공진과 사진은 중앙정부 재정의 형편과 활용할 수 있는 진휼곡의 사정에 따라 결정되는 경우가 많았다. 대개는 감영에서 해당 군현으로 관문關文을 보내 공진과 사진, 구급의 가부可否를 묻고 중앙에 장계를 올려 그 지시에 따라 시행되었다. 이때 각 군현의 수령은 재해의 상황에 따라 필요한 진휼의 방법을 감영에 요구하였다. 이 과정에서 지차읍로 판정되어 공진의 시행 대상은 아니었지만 실제 사정이 우심읍과 다를 바가 없다거나 군현의 재정 상황이 사진을 할 여력이 없다는 여러 가지 이유로 공진의 시행을 요청해 일부 허용되기도 했다.

구급은 공진과 사진에 해당되지 않는 지역에서 굶주림이 가장 시급한 상황에 처한 사람들을 최소한으로 선별하여 시행하는 것이다. 또한 공진이나 사진이 시행되는 지역에서 공식적으로 진휼이 시작되는 이듬해 1월 세후歲後까지 버틸 수 없는 굶주린 백성들을 대상으로 '세전구급歲前救急'이라는 이름으로 시행되기도 했다. 세전구급은 1회에 그치는 경우도 있지만 큰 흉년의 경우 군현의 재원을 사용하는 읍구급邑救急과 감영에서 곡물을 지급하는 영문구급營門救急의 형태로 2-3차례에 걸쳐 이루어졌다. 구급은 일정하게 정해진 원칙이 없었기 때문에 대개는 해당 지역의 상황에 맞추어 적절히 실시되었다.

② 진휼 대상자는 누구일까

재실분등의 결과에 근거해 재해를 입은 한 군현의 진휼 방식이 결정되면 본격적인 진휼의 시행에 앞서 그 대상자를 선별해야 했다. 이를 진휼 대상자인 '기민飢民'을 뽑는다는 의미의 초기抄飢라고 불렀다, 초기는 진휼의 성패와 연결되는 중요한 문제였다. 왜냐하면 당연히 갚아야 하는 환곡과 달리 18세기 이후 진휼 대상자에게 나누어주는 진휼곡은 상당수가 갚지 않아도 되는 백급白給이었기 때문이다. 이에 수령은 그해의 농사가 흉년으로 예상되면 매년 군현 내 백성들의 경제적 상태를 간략히 기록해 둔 가좌성책家坐成冊을 활용하여 진휼 대상자의 대략적인 수를 미리 파악하였다. 그리고 이후 기민 선별의 상세한 내용을 담은 『초기절목抄飢節目』이 중앙에서 내려오면 이에 근거하여 진휼 대상자를 형편에 따라 1·2·3등으로 나누어 보다 세밀하게 분류해 나갔다. 이후 분류된 기민의 숫자는 2-3차례 가감을 거쳐 그 수가 최종적으로 확정되었다.

진휼 대상자는 이전부터 환곡을 받아 생활해 온 자들은 환민還民으로, 무상의 백급 대상자는 진민賑民으로 구분되었다. 다만 환민 가운데서도 형편의 차이가 있음을 감안하여 흉년으로 얼굴에 부황이 들고 아사를 면치 못할 상황에 직면한 자들은 진민으로 분류하여 우선 진민과 동일하게 무상으로 진휼곡을 나누어 주었다. 그러다가 황급한 상황을 넘기게 되면 본래대로 환곡 지급 대상자인 환민으로 옮겨갔다.

이때 주요 진휼 대상자가 되는 진민은 외롭고 의지할 곳이 없는 빈궁한 자들이었다. 1682~1683년(숙종 8~9) 두 차례 전국에 내려진 『진휼사목賑恤事目』에는 환과고독鰥寡孤獨으로 불리는 자들을 모두 신분과 관계없이 포함하라고 규정했다. 다만 환과고독일지라도 토지가 있고 기반을 갖고 살아가는 자는 제외되었고, 무상의 백급을 선호하는 일반적인 경향 때문에 상업이나 수공업, 어업으로 일정한 생업이 있는 자들도 역시 대상에서 제외되었다. 1814년 전라도 임실현任實縣의 진휼 사례를 보면, 진휼 대상자의 기준은 '토지가 없어서 농사를 지을 수 없는 자, 질병이 있어서 스스로 생활할 수 없는 자, 환과고독으로 의지할 데가 없는 자'였다. 그리고 이들 가운데 땅이 없어 농사를 짓지 못하더라도 건장하여 품팔이가 가능한 자는 제외되었다. 또한 친인척의 도움을 받을 수 있는 자, 사노私奴로 상전이 먹여 살릴 수 있는 자 역시 배제되었다.

이와 같은 기준과 함께 진휼 대상자가 되기 위해서는 또 다른 중요한 원칙이 있었다. 그것은 해당 군현에 거주하는 주민으로서 호적에 등록된 자였다. 그러므로 호적에서 빠졌거나 누락된 무적無籍·누호漏戶, 일정한 거주지 없이 여기저기 떠돌아다니는 유걸인流乞人은 원칙적으로 진휼 대상에 포함될 수 없었다. 다만 이들을 무조건 제외한 것은 아니었다. 다른 지역에서 흘러 들어온 자들이었지만 흉년으로 굶어 죽기 직전에 처한 상황은 동일했기 때문이다. 따라서 실제 진휼이 시행되는 많은 지역에서는 이들도 본적지 기민과 구분하여 최소한의 진휼 대상이 되었다. 18세기 중반 개성부開城府에서 시행된 진휼 사례를 보면, '유개流丐'로 지칭되는 자들을 본적지인 개성부의 기민과 구분하여 1754년 911명, 1756년 667명, 1757년 1,586명을 별도로 구제하기도 했다.[50]

유걸인·유개·유이민流移民 등으로도 불린 이들에 대해 제한적이나마 최소한의 진휼을 시행해야 한다는 주장은 여러 목민서에도 권장했던 내용이다. 예를 들면, 안정복은 『임관정요臨官政要』에서 토정土亭 이지함李之菡의 사례를 모범으로 삼아 넓은 떳집을 세워 이들을 모아 노숙하는 근심에서 벗어나도록 남정男丁 1되, 여정女丁 6홉, 노老·약弱 5홉을 지급하되, 한곳에 모아 두면 게으르고 나태한 습성이 생기므로 땔감을 해오고 신발을 만들게 하거나 여자는 나물을 캐도록 하는 등의 일을 통해 공가工價의 소득을 얻게 해야 한다고 주장하기도 했다. 정약용 역시 『목민심서』에서 유걸인 대책으로 빈집 한 채를 빌리거나 구입하여 이를 유걸원流乞院이라고 이름 짓고, 마찬가지로 토정의 사례에 따라 이들에게 적당한 일을 시키며 구제하도록 했다.

지방 군현의 수령들은 본적지 백성을 대상으로 하는 진휼의 기본 원칙하에 흉년이라는 최악의 상황에서 그러한 원칙을 규정대로만 시행하기는 어려웠다. 그에 따라 어떠한 방식으로라도 이들에 대한 최소한의 진휼을 시행해야 했으며, 그로 인해 그 당위성이 늘 강조되었던 것으로 볼 수 있다.

③ 목민서를 통해 본 진제장賑濟場의 모습과 진휼곡의 지급 과정

진제장은 조선시대 진휼이 시행되는 곳은 말한다. 동일한 의미로 진소賑所, 진장賑場이라고도 했고, 죽을 쑤어 제공하는 곳을 의미하는 죽소粥所, 설죽처設粥處 등으로 불리기도 했다. 조선 전기 서울에는 주로 서대문 밖의 홍제원弘濟院, 동대문 밖의 보제원普濟院에 설치되어 이를 합해 동서진제장東西賑濟場이라고 했다. 그리고 흉년이 심한 해에는 도성 남쪽 남대문 밖의 이태원利泰院에 추가로 설치었다. 진제장은 이처럼 본래는 도성 밖에 두는 것이 원칙이었지만, 현종 연간의 경신 대기근 당시에는 먹을 것을 찾아 수많은 백성들이 서울로 몰려들자 도성 안 선혜청·한성부·훈련원에 추가로 설치했다는 기록도 보인다.

지방 군현의 진제장은 조선 전기에는 주로 대로변 길가에 두었다. 그러나 이를 이용하는 자가 적어 진휼의 효과가 크지 않다는 이유로 1437년(세종 19)에 도道의 계수관界首官 및 각 고을의 읍내나 수령의 청사인 동헌 앞, 또는 주요 교통로에 위치한 원院에 적당하게 움집과 임시시설을 지어 진제장으로 사용하였다. 그리고 조선 후기에는 수령의 근무처인 관아의 관문 앞 진제장 외에도 관문에서 멀리 떨어진 촌락의 기민들이 왕래하는 불편을 고려하여 군현의 외곽 면리에 소재한 외창外倉을 활용하여 별도로 서너 곳에 추가로 개설하였다. 조선 후기 여러 목민서에 언급된 기록을 통해 진제장에서 진휼곡을 나누어 주는 과정을 살펴보면 다음과 같다.

우선 진휼 대상자가 된 기민에게는 나무나 종이로 만든 일종의 증명서인 진패賑牌를 나누어 주었다. 이때 진패는 하나의 가호家戶를 기준으로 그 안에 진휼 대상이 된 기민을 함께 기록하여 주호主戶에게만 주었다. 기민은 반드시 이를 소지해야만 진제장에 들어갈 수 있었다. 공진이 시작되면 각 군현 면리面里의 책임자인 면리임面里任은 진휼 대상자가 받은 진패를 확인 후 이들을 인솔하여 가까운 진제장 앞에 도착하였다. 진휼 대상자가 많아 한꺼번에 진제장 안으로 들어가기 어려우면 도착한 순서대로 면리임이 해당 면리의 기민들을 인솔하여 입장하였다. 진제장 주변은 잡인이 함부로 들어올 수 없게 엄격히 통제하였다. 진제장 입구 앞에 모인 기민들은 진휼 담당 색리[賑色]가 대상자를 호명하면 한 명씩 진제장 안으로 들어갔다. 이때 면리임은 'ㅇㅇ면面 ㅇㅇ리里'라고 적힌 깃발을 만들어 해당 면리의 진휼 대상자가 그 깃발 아래 차례대로 들어가 서로 뒤섞이지 않도록 했다. 진제장 안으로 들어온 기민들은 남녀를 구분하여 앞마당에 깔린 빈 가마니에 앉았다.

이후 어느 정도 진제장 내의 어수선함이 정리되면 기민들에게 진휼곡을 나누어 주기에 앞서 먼저 죽을 먹였다. 그런데 이 과정에서 다시 진제장은 아수라장이 되기도 했다. 굶주림을 참지 못한 자들이 서로 먼저 죽을 받으려고 다투기도 했고, 그 과정에서 넘어져 밟혀 죽는 사고가 일어나기도 했다. 무언가가 마구 섞여 헤아리기 어려운 상태나 또는 그와 같은 것을 뜻하는 '엉망진창'이라는 단어가 있다. 일설에 따르면 이 단어가 굶주린 많은 사람들이 서로 먼저 죽을 먹기 위해 뒤엉켜 다툼을 벌이는 광경을 뜻하는 '억만 명이 모여든 진제장億萬賑場'의 모습에서 유래되었다고도 전해진다.

죽의 지급액은 장년 남녀는 1인당 3홉, 나머지 노인·약자·어린아이의 경우는 1인당 2홉이었다. 그리고 죽에 함께 들어가는 미역은 동일하게 3인당 1립立, 간장은 각 5작勺씩이었다. 그러나 진휼 대상자 가운데 부득이하게 직접 진휼곡을 받으러 진제장에 오지 못한 자가 발생했기 때문에, 규정과는 달리 장년·노인·약자·어린아이 구분 없이 장년 남자의 지급액과 같은 한 그릇의 죽을 동일하게 나누어 주기도 했다.

진제장에서 진휼이 시작되면 수령은 반드시 관대冠帶를 잘 갖추어 입고 임하도록 했다. 정약용은 진제장에 나아가기에 앞서 수령의 몸가짐을 자세히 언급하고 있다. 수령은 진제장을 여는 날 새벽 일찍 일어나 패전牌殿에 가서 향을 피운 다음 네 번 절하고 엎드려 얼마 동안 숙연한 마음으로 진휼에 정성을 다할 것을 다짐하며 배례를 해야 한다고 하였다. 배례를 마치면 관속官屬들에게도 동일한 뜻으로 타일러 말하고 진제장 내부를 살펴본 뒤 비로소 진휼을 시작하였다. 진휼이 시작되면 수령은 진제장에서 식사로 기민에게 먹이는 죽을 함께 먹으며 '민과 더불어 한다[與民共之]'는 뜻을 보여야 했다. 이는 죽의 맛을 살피는 과정이기도 했다. 죽의 맛을 좋게 하기 위해 여러 가지 주의 사항을 당부하였다. 특히 죽에 들어가는 미역과 간장은 죽의 맛을 좌우했기 때문에 품질이 좋은 미역과 잘 익은 간장을 겨울이 오기 전에 반드시 준비할 것을 지시하였다. 또한 끓여 놓은 죽의 맛을 직접 확인하고, 새로 끓인 죽은 쌀알과 미역이 아직 불지 않고, 끓인 지 오래된 것은 쌀알과 미역이 모두 불어서 탁하고 맛이 없기 때문에 반드시 이 둘을 적절히 조화시키고 차갑고 따뜻한 것도 알맞게 맞추어 맛이 없는 상태가 되지 않도록 했다.

죽을 먹고 난 후 진휼곡의 분급이 시작되었다. 기민이 진패를 보여주면 담당자인 진색賑色이 진휼 대상자 장부인 진안賑案을 살펴 대조한 뒤 창고 뜰로 가서 여기에 기재된 내용에 따라 'ㅇㅇ면 ㅇㅇ

리 아무개는 조租 몇 두斗 몇 승升, 장醬 몇 홉合'이라고 외치게 된다. 그리고 나서 또 다른 담당자가 해당 기민의 진패와 분급 받아야 할 액수를 대조하여 재차 확인하고 팔에 나무로 새긴 작은 도장으로 만든 진인賑印을 찍었다. 이러한 절차를 모두 마치고 나면 창고의 출납을 담당하는 고지기 2명이 앞서 외친 수량을 부르는 대로 나누어 주었다. 진휼곡을 받은 기민은 진제장 밖으로 나오면서 진인이 찍힌 팔의 먹물 흔적을 지웠다. 『목민심서』에는 이 과정에서 가난한 반족班族의 자존심 있는 선비가 진인 찍히기를 달갑게 여기지 않으면 "이는 주자의 법이다." 하고 타일러야 한다고 언급하기도 했다.

진패를 소지한 모든 기민에게 진휼곡 분급을 마무리한 뒤, 수령은 진휼곡을 나누어준 사실을 정리한 문서를 작성해 이를 감영에 보고했다. 이로써 1차례의 공진이 마감되었다. 진휼곡의 분급은 이러한 절차에 따라 시행되었는데, 농사가 다시 시작되는 4~5월에 이르러 진휼을 마칠 때까지 달마다 다음과 같은 규례를 적용하였다.

1. 정월 초순初旬에는 먼저 1등 기민飢民을 진휼에 붙이고付賑, 중순中旬에는 이어서 2등 기민을 붙여 1등 기민과 아울러 분급하며, 종순終旬에는 이어서 3등 기민을 붙여 1·2등 기민과 아울러 분급한다. 이것이 정월에 시행하는 규례이다.

2. 2월 초순에는 1·2·3등 기민을 모두 붙이는데, 혹 뺄만한 자
   는 빼고 붙일만한 자는 붙인다. 조사하여 뺀 자와 붙인 자
   의 숫자는 소명小名으로 적어 함께 감영에 보고한다. 중순
   과 종순에도 그렇게 한다. 대체로 조사하여 뺀 자는 적고
   추가로 붙인 자는 많다. 이것이 2월에 시행하는 규례이다.

3. 3월 초·중·종순에 진휼곡을 나누어 주는 규례는 전 달과
   다르지 않다. 단지 이달에는 흙의 결[土脈]이 이미 풀려 농
   사일이 장차 시작되며, 물길이 통하여 어염魚鹽에 알맞은
   절기이므로, 자연히 품팔이로 의뢰하여 살아 나가는 자
   [傭賃資生者], 어염에 의뢰하여 살아가는 자[魚鹽資生者], 진휼
   에서 빼어내 환곡으로 돌릴 자[拔賑歸還者]가 생긴다. 대체
   로 추가로 진휼에 붙인 자는 극히 적고 조사하여 뺀 자는
   많아진 후에야 알맞게 되었다고 할 것이다. 이것이 3월에
   시행하는 규례이다.

4. 4월 초·중·종순에 진휼곡을 나누어 주는 규례는 전 달과
   동일하다. 대체로 조사하여 진휼에 붙이는 자는 거의 없
   거나 조금 있고, 조사하여 빼는 자를 매 순旬마다 늘리는

것이 진휼하는 법의法意인 것이다. 이것이 4월에 시행하는 규례이다.

5. 5월은 곧 진휼을 그치는 달이다. 진휼곡을 나누어 주는 규례는 '진휼에서 빼는 것은 있어도 진휼에 새로 붙이지 않음'을 주가 되게 한다. 경상도는 밀과 보리가 4월에는 익으므로 언제나 4월 내에 진휼을 그만둔다. 경기도와 충청도는 곧 5월에야 수확할 수 있기 때문에 5월 초순이 진휼을 마치는 시기이며 혹은 중순에 진휼을 파하는데 이는 곧 감영의 지시에 따라 거행한다.

6. 감영에서는 비록 진휼을 그만두라는 명을 내리더라도 밀과 보리가 아직 나오지 않아 백성들의 사정이 어려우면 감영에 보고한 뒤 한 차례 정도 더 시행하는 것도 괜찮으므로, 그때의 상황에 따라 행한다.

위 기록에 따르면, 진휼곡은 초·중·종순의 10일 간격으로 한 달에 3차례 지급되었고, 공진이 시작된 1월의 초순은 1등 기민, 중순에는 1·2등 기민, 그리고 종순부터 모든 진휼 대상자에게 진휼곡을 나누어 주는 것이 원칙이었다. 또한 매달 차례가 진행되면서 진휼을 마칠 때까지 백급 대상자인 진민의 수를 줄여나갔다.

진휼은 이러한 절차와 규정에 따라 대개는 가을보리가 성숙하는 4~5월을 기준으로 경상도는 4월, 경기도와 충청도는 5월 초·중순까지였고 상황에 따라 감영의 지시로 1차례 더하기도 함으로써, 지역에 따라 10차례부터 많게 12-13차례까지 시행되었다. 이 과정에서 별진別賑 혹은 별순別巡이 한 번 더 시행되었다. 이는 감영이나 해당 군현의 자비곡, 또는 국왕이 특별히 내려준 진휼 재원을 뜻하는 내하진자內下賑資로 마련된 곡물을 본래의 진휼 횟수에 더해 중간에 한 차례 더 지급하는 것을 말한다. 별진은 국가와 국왕이 진휼을 시행하여 백성들을 위무慰撫하는 뜻을 보이기 위함이었다. 그리고 감사가 각 군현을 순력巡歷하거나 직접 순력하지 못하는 지역은 감사의 막료인 비장裨將을 보내어 시행함으로써 진휼의 진행 과정을 감독하고 점검하는 목적도 있었다.

④ 계획적인 진휼의 실행, 진휼곡 지급액의 세분화

조선시대 진휼 과정에서 농민들에게 지급된 진휼곡의 수량은 시기에 따라 조금씩 차이를 보인다. 1419년(세종 1) 진제장에서 나누어준 곡물의 사례를 보면, 장년의 남녀 1명은 1일 쌀 4홉[合], 콩 3홉,

장 1홉, 11세부터 15세까지의 남녀는 쌀 2홉, 콩 2홉, 장醬 반 홉을 주고, 10세부터 5세까지의 남녀는 쌀 2홉, 장 반 홉이 지급되었다. 그리고 1503년(연산군 9) 진휼에 관한 일을 논의하면서 16세 이상 의 사람이 먹는 양이 횡간橫看에는 조미造米와 황두黃豆가 각각 5홉 씩이라는 기록이 있다. 따라서 조선 전기에는 장년의 남녀 기준으 로 하루에 쌀 4-5홉, 콩은 3-5홉 사이로 쌀과 콩을 합쳐 7-10홉 정도 가 지급되었음을 알 수 있다. 다만 조선 전기까지는 이러한 지급 액 수가 명확한 규정으로 자리 잡지는 못했던 것으로 보인다.

진휼곡의 지급 액수는 임진왜란 이후 다소 줄면서, 1662년(현종 3)에 전국에 반포된 『진휼절목』에는 장년의 남녀에게 아침저녁으로 두 차례 쌀 2홉, 남녀 노약자에게는 1홉 5작으로 죽을 끓여 지급하 도록 했다. 이때 죽 대신 마른 양식, 곧 건량乾糧으로 나누어 줄 경우 에도 동일한 규정대로 시행되었기 때문에 장년의 남녀 기준으로 4 홉 정도가 된다. 그리고 건량의 백급이 진휼의 방식으로 완전히 자 리 잡은 18세기 후반에는 지급액이 다소 늘어나 장년의 남자에게 쌀 5홉으로 고정되면서 나이에 따른 수량을 세분화하였다. 18세기 후반~19세기 초의 여러 기록에 보이는 공진의 진휼 규정에 보이는 진휼곡의 지급 기준을 보면, 나이는 장년[壯](16세 이상), 노인[老](51 세 이상), 약자[弱](8세 이상), 어린이[兒](8세 이하)로 구분하였다. 그리고 남자의 경우 각각 쌀[米]로 5·4·3·2되[升]를 지급하고, 여자는 장년과 노인은 각각 4되와 3되, 그리고 약자와 어린이는 남자와 동일했다. 겉곡[租]으로 지급할 경우에는 쌀 : 겉곡 = 1 : 2.5의 환산 비율을 적용하여 장년 남자 기준 1말[斗] 2되[升] 5홉[合]을 지급하였다. 이때 환산하여 지급하는 과정에서 문제가 발생할 우려로 해당 용량이 한번 들어가는 별도의 단위를 가진 용기를 만들어 관에서 낙인을 받아 사용하였다.[51]

한편, 지급된 진휼곡의 액수는 10일, 곧 공진의 1순을 기준으로 한 분급이므로 이를 하루분으로 환산하면 장년 남자가 쌀 5홉이 된다. 이로써 남녀와 노인의 지급액에 약간의 차이는 있지만 장년·노인·약자·어린이로 구분된 기민은 각각 10일에 한 번 대략 5·4·3·2되 내외의 곡물을 분급 받는 것으로 고정되는 제도가 확립되었음을 알 수 있다.

그렇다면, 기민 1인당 공진의 기간 동안 어느 정도의 진곡을 분급 받고 있었을까. 이에 대해서 19세기 초 진휼에 관한 규정을 자세히 기록한 『사정고』의 다음과 같은 언급을 참고할 만하다.

장년 남자가 받는 바는 비록 1말을 넘지만 장년 여자와
노인과 약자는 1말을 채우지 못하므로 1순 1명에 1말의 곡

식으로 가정하면 진휼이 시작되면서 이를 끝마칠 때까지

14차례 내외이기 때문에 1섬으로 가정한다.

이 기록에 근거해 보면 진휼곡의 지급 기간 동안 기민 1인은 대략 1섬[石] 전후의 진휼곡을 받았던 것으로 볼 수 있다.

당시 성인 남자 기준으로 평시 하루에 먹는 양은 쌀 2되로 알려져 있다. 장년 남자에게 지급된 하루분인 5홉은 여기에 비교하면 평상시의 1/4 정도의 수준이다. 따라서 진휼이 시행되면서 기민 1명에게 지급되는 진휼곡은 겨우 굶주림을 면하는 최소한의 생존에 필요한 적은 양이었다. 다만 흉년으로 인해 농민들의 생활이 거의 활동 정지 상태에 있는 상황을 감안한다면, 그러한 육체 활동의 저하는 평상시보다 적은 양으로도 분명히 최소한의 생존은 가능했을 것으로 예상된다.

여기에 공진이 시행되는 동안 진휼곡과 함께 지급된 장이나 소금은 굶주림을 극복하는데 적지 않은 도움이 되었을 것이다. 공진이 시행되면 1순마다 장년 남녀에게는 장 3홉을, 장을 주지 않을 경우에는 소금을 대신 주었고 한 차례 장을 주었으면 다음 차례는 소금을 주면서 원하는 바에 따라 나누어 주었다. 소금은 사람의 생리작용과 밀접한 관계를 가지고 있어 평상시뿐만 아니라 흉년에도 곡물과 함께 생존을 위해 꼭 필요한 것이었다. 특히 흉년 시에 농민들은 부족한 곡물을 초식草食으로 보충하는 경우가 많았고, 이때 대용 식품이 된 각종 나물이 지닌 독성을 해독시키고, 삼켜서 섭취하기 위해서는 소금이 반드시 필요했다. 따라서 이는 진휼곡 못지않게 중요한 역할을 하였다.

흉년이 발생하여 진휼의 시행이 예상됐을 때, 그 규모를 예측하는 가장 손쉬운 방법은 이전 시기의 흉년에 시행된 사례를 우선 참고하는 것이다. 여기에 더해 이처럼 성별과 나이에 따른 진휼곡의 지급 액수가 분명히 규정됨으로써 선정된 기민들의 숫자에 견주어 여기에 들어갈 곡물 수량의 대강을 더욱 세밀하게 예측할 수 있게 되었다. 이는 조선 전기에 비해 기민 1인에게 지급되는 곡물의 양이 다소 축소된 것이었으나 조선 후기의 진휼 사업이 한층 더 계획적으로 이루어지며 더 많은 기민들에게 진휼곡을 분급할 수 있게 되었음을 의미했다.

진휼 행정과 수령의 역할

진휼은 한정된 재원으로 최대한 많은 백성들을 구제해야 했으므로 대상자의 선별과 재원의 확보는 진휼 과정에서 가장 핵심적인 문제였다. 따라서 재해 현장인 군현에서 해당 업무를 최종적으로 수행해야 했던 수령의 역할은 무엇보다도 중요했다. 여기서는 충청도 예산 현감 禮山縣監 한경韓警[52]과 황해도 연안 부사延安府使 박용수朴龍秀[53]의 구체적인 사례를 통해 그 과정에서 보여준 수령의 모습을 살펴보기로 한다.

진휼 대상자의 선별

한경韓警이 현감으로 재임하던 기간 예산현은 반복된 흉년이 이어지고 있었다. 따라서 그가 남긴 당시의 행정문서 『오산문첩烏山文牒』에는 그로 인해 흉년에 대비하려 했던 모습과 관련된 사실들이 많이 보인다.

먼저 1760년의 경우를 살펴보자. 예산 현감은 11월 17일에 각 면에 전령을 통해 흉년으로 인해 백성들이 흩어지지 않도록 당부하면서, 고을 내의 부유한 자들로 하여금 솔선수범하여 진휼이 시작되기 전에 먼저 친인척이나 이웃 마을의 빈궁한 사람들을 구휼할 것을 지시했다. 그리고 25일 이러한 지시가 잘 이행되고 있는지 환기시키

며, 이를 대수롭지 않은 일로 여기지 말고 반드시 신경 써서 거행할 것을 당부하였다.[54]

그런 가운데 예산현의 9개면 가운데 7개면은 참혹한 흉년을 당하여 반드시 진휼을 시행해야 한다는 뜻을 감영에 요청했다. 이에 대해 감사는 우선 가장 심하게 피해를 입은 면리面里의 굶주린 자들을 가려내어 보고하라고 지시했다.[55] 그에 따라 예산 현감은 12월에 굶주린 백성을 각별히 신경쓰며 자세히 뽑아 장년·노인·약자의 3등급으로 나누어 구별한 문서와 함께 경내에 있으며 호적이 없는 부류에 대해서도 별도의 문서로 감사에게 올렸다.[56] 이후 12월 24일 1등 기민에 뽑힌 자에 대해 예산 현감의 자비自備로 1차례 진휼하고, 이듬해 1월 초 4일 1·2등, 14일에 3등 기민에 대해 10일 간격의 세 차례 진휼을 마치고 감사에게 보고했다.[57] 이때 예산 현감이 시행한 진휼의 순차는 이 시기 수령의 목민서나 『만기요람萬機要覽』 등에 보이는 진휼의 일반적인 식례式例와 다소 다른 방식이었다. 이들 기록에는 본래 세전구급은 공진의 횟수에 들어가지 않고, 시작하는 시점도 이듬해 1월부터 1순旬에는 1등 기민, 2순에는 1, 2등 기민, 3순에는 1, 2, 3등의 모든 기민에게 진휼하여 1월에 3회의 진휼을 마친다고 규정되어 있다. 아마도 해를 넘겨 1월부터 시작되는 공진의 식례에 따르기 어려운 급박한 상황의 기민이 많았기 때문에 예산 현감이 자비로 재량껏 12월부터 진휼을 시행했던 것으로 보인다.
이어서 예산 현감은 기민에서 제외된 자들이 원통함을 호소하자 별
도로 가려 뽑은 18개 가호家戶에 대해 추가로 진휼을 시행했다. 이
후 지속적으로 10일에 한 번씩 진휼곡을 나누어 주었고, 진휼이 마
무리될 즈음인 5월 초에는 곡식을 연납捐納하여 진휼 과정에서 사
진을 시행한 부민들을 불러 모아 간소한 잔치를 실행하였다.[58] 이는
진휼 과정에서 부민들의 참여를 독려하는 의미가 있었다. 『목민심
서』에도 진휼을 마칠 때쯤에는 진휼에 힘쓴 자들을 위해 검소하게
작은 잔치인 '파진연罷賑宴'을 베풀어 한다고 했다.[59]

　1761년은 충청도 전체에 진휼이 행해지고, 재해 규모를 의미하는
급재給災結도 전년도보다 많은 15,100여 결結에 달할 만큼, 연이은
흉년을 겪은 해였다. 예산현은 가장 재해를 크게 입은 우심읍에 해
당되었다. 그런데 감사는 11월이 돼서야 우심尤甚한 면리面里 가운
데 진휼이 필요한 곳과 그렇지 않은 곳을 잘 살펴 보고하라는 지시
를 내렸다. 이에 예산 현감은 지난해에 이어 거듭 흉년을 당하여 구
제하는 일이 없으면 백성들이 사방으로 흩어져 길에서 떠돌다가 죽
게 될 절박한 상황임을 말하며, 초실稍實한 면리의 사정도 별반 차
이가 없으므로 모두 진휼의 대상에 넣어야 한다고 주장했다.[60]

　그러나 그의 요청은 감사에게 받아들여지지 않았으며 우심읍이었

지만 공진도 시행되지 않았다. 정확한 이유는 알 수 없으나 1761년의 흉년이 전년도의 흉년과는 다른 양상이었기 때문이 아닌가 생각된다. 예산 현감은 10월 초 8일 각 면에서 올라온 재해보고를 수합해 연분대개장年分大概狀을 수정해서 감영에 올렸다. 그러나 감사는 그의 보고에 재해 입은 토지의 규모가 예산현의 토지 장부 답총畓摠의 절반이 넘는다는 이유로 보류하였다.[61] 이 첩정牒呈의 내용 가운데 "작년에는 쟁기질과 파종조차 어려웠으나 올해는 절반 넘게 쟁기질하고 파종을 했음에도 수확이 없었습니다."라는 언급이 보인다. 이는 재해입은 토지의 규모를 보고하는 과정에서 자신의 주장을 합리화해 급재를 더 받아내기 위해 예투例套로 사용된 문구였다. 하지만 역설적으로 비록 수확이 좋지 못했지만 일부 파종이 이루어졌음을 시사하기도 한다. 이에 감사는 예산 현감의 이러한 보고에 의문을 품으며 공진의 시행을 거부했던 것으로 보인다.

그 결과 해를 넘겨 1762년(영조 38) 2월 말이 돼서야 감사는 작년 가을 농사는 비록 매우 심하게 피해를 입었더라도 고을마다 상황이 다르므로 진휼을 폭넓게 확장하는 것은 처음부터 고려 대상이 아니었다고 밝혔다. 다만 춘궁기를 당하여 중앙에 약간의 곡물을 요청하여 군현에 나누어 줄 예정이니, 최소한의 기민을 정밀히 선별하고, 이들에게 3차례 구급을 시행할지, 공진의 격식대로 시행할지 현감의 의견을 보고하라고 지시했다.[62] 이에 대해 예산 현감은 정밀하게 뽑은 기민의 수가 작년에 비해 절반 이상 줄었고 이들의 상황 또한 아직은 갑자기 죽게 될 정도는 아니므로, 사또께서 결정하여 처분해 달라고 하였다. 감사는 이에 대해 말이 매우 합당하다고 지적하며 다음과 같은 데김[題辭]을 내렸다.

> 감영의 진조賑租 1백 석, 진모賑牟 1백 석을 우선 떼어 줄 테니 완급을 헤아려 살펴서 수효를 정하여 배분하되, 보고해온 4백 명 중에도 또한 마땅히 형세를 살펴 먼저 빼야 할 자가 있을 것이고 추가로 넣지 않으면 안 되는 자도 있을 터이니, 오직 불필요한 비용을 아끼고 실효가 있게 하는 마음으로 유념하여 거행하라. 앞으로 만일 부족할 걱정이 있게 되면 그때 가서 다시 논의하고 진행 과정은 낱낱이 첩보할 일.

위와 같은 감사의 지시에 따라 예산 현감은 2월 말부터 감영에서 보내준 2백 석을 재원으로 하여 구급의 방식으로 진휼을 시행했다. 4월 12일 기록에 따르면, 그는 구급의 방식으로 진휼곡을 나누어 주는 과정에서 매달 두 차례 진휼곡을 분급하면서 조금씩 더 지급했고, 형편에 따라 기민을 추가로 선발하여 감영에 1백 석을 별도로 요청했다. 이에 감사는 겉곡식과 보리[牟] 70석을 더 보내주었고, 예산 현감은 4월 말까지 5차례에 걸쳐 기민에게 진휼곡을 나누어 주며 진휼을 마무리했다.[63] 구급은 앞서 이미 언급한바, 공진의 월 3회 진식 賑式의 규정을 따르지 않고 각 지역의 형편에 따라 곡물을 지급하는 경우를 말한다. 이때 공곡을 사용하지 않는 것이 일반적인 원칙이지만 상황에 따라 공곡을 일부 보조하기도 했다. 따라서 예산현에서 이루어진 구급은 이와 같이 공곡을 사용했던 사례가 될 수 있다.

이처럼 예산 현감은 감사에게 막혀 비록 폭넓게 진휼을 시행하지는 못했다. 그러나 한편으로는 공곡을 사용한 구급을 통해 고을의 자체 진휼 재원을 소비하지 않았다. 그리고 다음 장에서 자세히 언급하지만, 진휼 방식과는 별개로 예산현은 우심읍에 해당되는 여러 가지 부세의 견감 혜택을 받을 수 있었다. 결과적으로 예산 현감은 공진을 시행하지는 못했지만, 이를 통해 군현의 진휼 재원을 아끼고 자신이 다스리는 고을 백성들의 부세 부담을 어느 정도 덜어내는 데에는 성공했던 것이다.

1762년 4월까지 진휼을 겨우 끝냈으나 올해의 농형도 순조롭지 못한 상황이었다. 그에 따라 예산 현감은 작년과는 달리 6월부터 서둘러 진휼 대비에 착수했다.

우선 진휼에 필요한 재원을 확보하고자 여러 가지 방법을 강구하였다. 즉 6월 10일 감사에게 농형 보고를 하면서 안흥미安興米와 공진미貢津米 4-5백 석을 중앙의 허락을 받아 일찌감치 받아둘 것을 요청했다. 그리고 6월 19일에는 관아의 저축이 바닥나고 민간에 저장한 곡식도 고갈되었기에 추후에 상납할 아록미衙祿米, 공수미公須米 47석과 아직 상납하지 않은 대결代結전錢 236냥兩 5전錢 1푼分을 본현에 유치하여 진휼 재원으로 쓰게 해달라고 했다.[64]

예산 현감은 이처럼 진휼 재원을 확보하기 위해 일찍부터 신속하게 움직였다. 이 가운데 안흥미와 공진미를 요청하면서 그는 "발 빠르게 움직이는 자가 먼저 얻는 것[65]"이라고 했다. 그는 군량미[軍餉]의 성격을 지닌 안흥미와 공진미가 흉년에 진휼 재원으로 신속히 활용될 수 있는 명목임을 주목하여, 자신의 군현에 우선적으로 배정받으려 했다. 예산 현감의 요청에 대해 감사는 군향의 명목은 중앙의 허락 없이 감영에서 마음대로 나누어 줄 수 없으며, 또한 군현간의 형평성도 고려해야 하니 우선 기다리라고 하였다. 감사의 답변을 보면, 예산 현감이 흉년을 맞은 다른 군현에서도 비슷한 요청이 있을 것을 예상하고 한발 앞서 빠르게 대응하려 했음을 알 수 있다. 이는 군현의 수령이 지닌 개인적 역량이 진휼 재원의 확보 과정에서 얼마나 중요한 역할을 하였는지를 잘 보여준다.

이어 예산 현감은 7월부터 내년 봄 진휼을 대비하기 위한 본격적인 사전 작업을 시작하였다.[66] 먼저 등급을 나누어 기민을 뽑는 일을 보다 엄정하게 시행하고자 각 면에서 별도의 감관監官을 차출했다. 그이유는 지난 두 해 동안 풍헌風憲과 약정約正에게 진휼 대상자를 뽑는임무를 맡겼으나 개인적인 안면에 구애되거나 뇌물을 받는 난잡함이발생했기 때문이다. 이에 그러한 폐단을 줄이기 위해 별도로 선발한감관들에게 미리 각 마을을 다니며 물정을 채탐하여 인구의 많고 적음, 백성들 형세의 완급을 상세히 살피도록 지시했다. 그리고 기민을선발할 때 이에 근거하여 수령의 지시를 기다려 거행하도록 했다.

이때 예산 현감이 이들에게 내린 지시를 보면, 감관들의 역할은여러 가지 원인으로 발생하는 호적대장의 호구戶口에 허명虛名[67] 및분호分戶·누호漏戶의 여부, 무적자無籍者 등을 살펴 사실대로 조사하는 것이었다. 그리고 이를 바탕으로 각 호의 빈부 상태를 초실稍實·작농作農·자활自活·빈궁貧窮·개걸丐乞로 구분하여 이후 진행될 기민선발의 엄정성을 도모하고자 했다.

예산 현감은 그 같은 지침에 따른 감관의 보고에 대해 자신이 부임한 지 5년 동안 이미 두 번 진정賑政을 행하여 온 경내 백성들의 노약과 빈부에 대해 거의 다 알고 있기 때문에 각 면에서 감관이 올린보고에 거짓이 드러나면 무겁게 처벌하겠다고 했다. 그럼에도 불구하고 보고된 내용이 이전과 같이 장적帳籍을 그대로 베껴 내기도 하고 당사자의 말만을 근거로 하여 허실虛實이 뒤섞이는 등의 문제가 발생하였다.

그러자 예산 현감은 9월에 다시 상세한 기준을 정하고 장리將吏를 보내어 재조사를 지시했다.[68] 그 결과 감관이 이전에 올린 보고에 기록된 무적자 475호는 분명 토호土豪·양반兩班 등이 자신들이 거느린 노비들을 거짓으로 분호하여 환곡과 진곡을 중복해서 받으려 한 계책임이 밝혀졌고, 이들을 모두 제외할 것을 지시했다. 또한 다른 지역에서 옮겨온 부류는 본래 살던 군현으로 돌려보내고, 몸은 다른 지역에 거주하면서 본 현의 호적에 들어 있는 자 역시 모두 조사하여 제외하도록 했다. 이어 개별 호의 형편을 조사할 때, 빈궁·개걸로 표시된 부류도 친척으로 조금 나은 자가 있으면 이를 ○리里에 사는 ○인人의 몇 촌 친척이라고 작게 기입해 두도록 했다. 그리고 앞서 개별 호의 등급을 구분한 것이 혼잡하므로 다음과 같은 기준에 따라 상중하로 간략히 재분류하도록 지시했다.

이번에는 단지 상·중·하의 세 등급으로 나누되 올해 농사가 초실稍實이거나, 혹은 공工·상商으로 환곡을 받지 않고 스스로 살아갈 수 있는 자를 '상'으로 하고, 농사지은 수량 또한 기록하고, 환곡을 받아먹은 뒤에야 그럭저럭 살아갈 수

있는 자는 '중'으로 하며, 얼굴이 누렇게 뜨고 구걸하여 조
석의 끼니를 잇지 못하여 진휼 대상에 들지 않고서는 결코
목숨을 보전하기가 어려운 자는 '하'로 한다. 이른바 '하등'
인 자가 바로 진민賑民인 것이다. 그런데 그 안에서도 완급
을 구별하는 방법이 있어야 하니, 하1등, 하2등, 하3등으로
부르며 차례대로 진휼 대상에 넣도록 할 것.

위와 같은 기준에 따라 예산 현감은 호의 상태를 3등으로 구분한
『가좌성책』을 작성했다. 하등에 해당되는 호가 이후 진휼 대상자를
선정하는 데 중요한 기준이 되었다. 당 시기 진휼 대상자는 원칙적
으로 본현 거주 호적 등재자였다. 그리고 흔히 그 대상자를 선별하
는 초기抄飢의 과정은 진휼의 성패를 좌우할 만큼 중요했다.[69] 따라
서 2차례에 걸친 호적상의 호구와 이들의 형편에 대한 조사는 이후
진행된 초기의 진행에서 기민을 보다 정밀하게 선별하기 위한 사전
준비 과정이 되었다.

예산 현감은 이처럼 2차례의 예비조사를 바탕으로 11월에 진휼
대상자를 최대한 정밀하게 선별해 나갔고, 그 결과 뽑힌 기민의 수
는 3천여 명에 달했다. 그런데 감사는 올해 재해 입은 토지의 규모
는 신해년(1731)에 견주어 결정되었기 때문에 기민 수의 마감도 신

해년을 기준으로 1천-1천 3·4백 명으로 줄일 것을 지시했다. 이에 예산 현감은 각 면에 전령을 내려 기민의 수를 다시 정밀하게 뽑아서 수정 보고하라는 지시를 내렸다.[70] 보통은 이처럼 기민의 수는 1-2차례 감영과 군현 사이에 보고가 오가며 감해지는 과정을 거쳐 확정되는 것이 일반적이었다.[71] 그 결과 12월에 초기 문서를 마감하여 감사에게 올린 보고에 의하면, 기민의 수는 최종 919호, 1,775구로 거의 절반으로 줄어들고 있다.

그런데 예산 현감은 이 첩보를 올리며 기민 수를 줄인 것이 진실로 상사上司에게 가로막힐까 염려되어 부득이한 정사를 편 것이라고 했다. 이어 올해의 흉년은 그때보다 훨씬 더 심하고, 신해년의 기민 수가 일천몇백 명에 그쳤다는 감사의 말은 당시의 상황을 자세히 살피지 못했기 때문에 이를 번거롭게 말씀드린다고 했다. 따라서 기민성책을 보고한 뒤 기민이 점차 증가하고 이들 가운데 절반은 호적에 없는 부류이므로 아직은 감히 성책에 넣지 못하였지만, 이들도 모두 본 현의 백성이므로 경내에서 죽게 할 수 없다는 점을 강조하였다.[72]

이러한 보고 이후 1763년 진휼이 시작되며 정월에 3차례 진휼을 진행하고 난 뒤 올린 첩보의 기록을 보면, 예산 현감은 당초 마감한 수효를 넘지 않는 범위 내에서 이미 보고한 기민 가운데 다시 여러 가지 방법으로 사실을 조사해 가며 진휼을 시행했다. 즉 기민 대상자 가운데 조금이라도 의지할 만한 단서가 있으면 모두 빼냈고 반대로 더욱 심해져 가장 진휼이 시급했던 자들은 다시 차례차례 등급을 올려붙였다. 또한 호적이 없는 자들도 원래 본 현의 백성들이었으나 다른 도나 군현에서 유리걸식하며 떠돌다 해당 읍에서 다시 쫓아 보낸 자들이라는 이유로 기민으로 등록하여 진휼하였다.[73]

이 과정에서 당시 예산 현감이 호적이 없는 자들을 구체적으로 어떤 방법으로 진휼 대상자로 넣었는지는 알 수 없지만, 아래의 목민서 기록을 통해 이를 어느 정도 짐작해 볼 수 있다.

기민을 감영에 보고하면 영문에서 다시 중앙에 보고하기 때문에 통호統戶와 역役, 성명, 나이를 반드시 써야 한다. 그런데 이른바 기민으로 평상시에 호적에 들어가 있지 않은 무리가 많아서 법을 집행하는 관은 호적에서 누락되었다고 하여 진휼에 부치는 것을 허락하지 않는다. 호적에서 누락된 자의 죄는 진실로 통탄하고 미워할 만한 일이나 그대로 진휼에서 빼버린다면 그 형세가 반드시 거꾸러지는데 이를 것이다. 이런 부류는 신호新戶로써 이름하여 다른 데서 옮겨온 자移來者인 것처럼 하거나 식년式年 후에 새로이 분호分戶

된 자인 것처럼 하면 통·호를 반드시 써야 하는 법을 잃지 않

으며 또한 유개流丐도 아울러 진휼에 부치는 뜻을 얻을 수 있

을 것이다. 몇 해 전에 이와 같이 하였더니 감영과 군에서 모

두 편하다고 하였다.[74]

위 기록을 보면 초기의 원칙을 우선적으로 강조하였지만, 흉년

이라는 상황에 직면한 기민들의 처지를 감안하여 임시변통으로 누

락된 호를 신호 혹은 분호된 자로 초기의 대상에 넣을 것을 제안하

고 있다. 이 방법은 유걸인들도 임시로 호적에 넣어 진휼하는 효과

도 함께 있었다. 앞서 예산 현감은 진휼 대상자를 정밀하게 뽑기 위

한 예비 작업으로 호의 상태를 정확히 파악한 가좌성책을 작성해

두었다. 이는 국가적 차원에서 작성되었던 호적에 비해 실제 거주

민의 상황을 정확히 반영한 원적原籍에 가까운 기초 기록이었다. 그

결과 초기의 과정에서는 무적·누호의 파악은 어렵지 않게 가능했을

것이다. 예산 현감은 이를 바탕으로 경내의 무적·누호자로 파악된

부류를 정확히 파악할 수 있었고 위의 인용문에 보이는 언급과 유

사한 방법으로 원칙을 잃지 않으면서도 이들을 초기 대상자로 넣을

수 있었던 것으로 생각된다. 예산 현감 한경은 기민의 숫자가 제한

된 상황에서도 이러한 방법을 적극 활용하여 최대한 진휼의 효과를

거두고자 했던 것이다. 특히 공식적 진휼 대상이 될 수 없던 호적이 없는 백성들까지도 가능한 한 구제하고자 했음은 주목해 볼만하다. 지휘계통상 감사의 지시를 따라야 하는 수령 행정의 현실 속에서도 수령이 지닌 재량권을 적절히 활용하여 능동적으로 대처해 나가고 있었기 때문이다. 예컨대, 예산 현감의 사례는 조선시대 수령의 여러 가지 지방행정이 그러했듯, 진휼 행정에서도 제도의 효율성만큼이나 수령 개인의 인적인 요소가 중요했음을 잘 보여주는 것이다.[75]

진휼 재원의 확보

조선 후기 진휼방식은 1682년(숙종 8) 사목의 반포를 통해 건량백급의 구제방식을 시험적으로 시도한 이후 18세기 초 무렵에는 이러한 방법이 거의 보편화되어 갔다. 건량 백급은 오직 우리나라에만 그러했다는 언급이 있을 만큼[76] 획기적인 구제 방식이었다. 그러나 이는 기존의 방법인 죽의 지급보다 상대적으로 더 많은 곡물을 진휼에 필요하게 만들었다. 따라서 중앙정부는 기민에게 주로 백급으로 소비된 기존의 상평·진휼청 환곡의 이자인 모곡耗穀 외에도 무상으로 지급해야 할 진휼 재원의 확충과 운영에 더 많은 노력을 기울이게 되었다. 이미 17세기 후반 백급의 재원으로서 등장한 첩가미帖價米[77]나 수령의 자비곡自備穀은 물론, 영조 연간에는 군작미軍作米라는 새로운 명목을 신설하는가 하면, 납속納粟과 권분勸分을 활성화하기 위해 참여한 자들에게 반대급부의 상을 내리는 명확한 규정을 마련하기도 했다.

그런데 이러한 방법으로 비축된 진휼곡을 실제 흉년이 든 군현에서 확보하여 사용하는 것은 앞서 예산 현감의 사례에 보이듯, 사실상 군현의 수령이 가진 능력과도 관계된 것이었다.

1743년(영조 19) 연안 도호부사 박용수가 지방관으로서 진휼 행정을 주도해 가는 과정에서 이루어진 관련된 사실들을 보자.[78] 그는 우선 9월 흉년의 상황을 보고하면서 진휼 대상자를 연안부 백성의 절반인 1만 9천여 명으로 추산했고, 필요한 진곡이 2만여 석이라고 했다. 그런데 본부에 비축된 영진營賑·진여賑餘·사비곡私備穀 등 진휼 명목의 곡물 수량이 부족했다. 이에 그는 감영에 여러 가지 추가 지원을 요청했다. 먼저 연안부 인근의 산군山郡 가운데 여유가 있는 고을의 환곡을 파악하여 제때에 이전함으로써 세전歲前에 진휼의 재원으로 삼도록 했다. 그리고 통정첩通政帖·가선첩嘉善帖의 공명첩空名帖 200장을 보내달라고 했다. 아울러 원근遠近의 산군에 쌀을 싼 값으로 사들이는 발매發賣를 허용해 줄 것을 청하며, 이를 위해 감영의 창고에 보관 중인 돈 5,000냥을 특별히 이자 없이 대여해 달라고 했다.[79] 감사는 이 요청에 대해 일단 중앙에 계문啓聞해 보겠다고 답하였다. 그러나 12월에 다시 올린 기록에 "본부의 진휼 재원을 조정에 번거롭게 청할 필요가 없으니, 본도에서 나누어 준다."라고 하였다. 따라서 연안 부사의 앞선 요청은 일단 거부되었다. 이에 그는 다시 첩보를 올려 감사에게 비변사에 보고하여 본부에 비축된 비변사 소관의 영진·진여·사비곡 9천여 석 가운데 쌀 4백 석, 겉곡 5천 석만이라도 우선 진휼 재원으로 사용할 수 있도록 요청했다.

이듬해 감사의 진휼 보고에 의하면, 비변사에 요청해 사용을 허락받는 겉곡 4,941석, 대미大米 300석, 그리고 부민富民 오명신 등 6명이 권분으로 바친 805석을 합해 여러 종류의 곡식 6,046석으로 진휼을 마쳤다는 내용이 보인다. 따라서 위에 박용수가 진휼 재원을 마련하기 위해 요청한 것은 거의 그대로 관철되었음을 알 수 있다.[80]

특히 연안 부사가 요청했던 영진·진여·사비곡과 같은 곡물은 중앙의 비변사가 관할하는 공곡公穀 성격의 환곡이었으나, 실제로는 감영에 소재하고 있었다. 그러므로 흉년 시 도내 다른 군현의 수령들 역시 감사에게 그 사용을 요청할 수 있는 재원財源이 되었다. "한 해 농사가 흉년이라 판정되면 급히 감영으로 달려가서 곡식을 옮겨올 것과 조세를 감면해 줄 것을 의논하여야 한다."[81]라는 『목민심서』의 언급처럼 이는 중요한 수령의 임무 가운데 하나였다. 연안 도호부사는 이러한 언급처럼 발 빠르게 움직이며 감사와 교섭

한 결과, 감영이 군현에 나누어 줄 수 있는 최대의 몫을 얻을 수 있었던 것으로 판단된다. 이는 앞서 예산 현감이 군향미 명목의 안홍미와 공진미를 진휼 재원으로 서둘러 확보하려 했던 모습과 유사하다. 즉 박용수 역시 진휼 명목의 환곡을 다른 군현의 수령보다 한발 앞서 확보할 수 있었던 것이다.

그는 흉년에 유상의 진휼곡으로 활용될 수 있는 환곡의 확보에도 노력하였다. 즉 선혜청이 관리하며 황해도 여러 군현에 보관 중인 상정저치미詳定儲置米 2-3천 석을 인근 읍에서 이전받아 유토기민有土飢民에게 종자와 식량으로 분급하여 개색改色[82]하길 청하였다. 이에 대해 선혜청은 그의 요청을 수락하여 2천 석을 개색하도록 허락하였다. 그 결과 연안 도호부가 보유한 500석과 해주에 보관 중인 상정소미詳定小米 1,500석을 이전받아 유상의 진휼곡으로 활용하면서 개색할 수 있었다.[83] 또한 그는 약재값으로 의생醫生들에게 지급될 몫으로 감영에 올려 상납해야 했던 연안부 제민고濟民庫의 곡식을 그대로 분급하고 가을에 새로운 쌀로 거두어 수를 채워 상납하길 청하였다. 감사는 처음에는 이를 허락하지 않았으나 재차 강력히 요청한 끝에 결국 제민고에 보관 중인 166석을 확보할 수 있었다.[84]

한편, 앞서 그는 감영의 돈 5,000냥을 이자 없이 빌려달라고 한 적이 있었다. 그런데 12월에 감사에게 올린 문서를 보면, 감영에서 빌린 돈으로 약간의 소금과 곡식을 마련하고, 이익을 남기더라도 늘어나는 기민들의 수를 생각하면 부족하여 걱정스럽다는 언급이 보인다.[85] 따라서 위의 공곡과는 별개로 연안 부사는 감영에서 얼마간의 돈을 빌려 이익을 남겨 진휼에 필요한 물자를 마련했음을 알 수 있다. 그와 관련된 사실은 이듬해 11월에 감사에게 올린 보고에서 "본부가 올봄에 진휼을 시행할 때 진휼에 보태기 위하여 감영의 군수전軍需錢 3천 냥을 빌려 온 뒤에 212냥을 이미 환납하였습니다."라는 언급에서 확인된다.[86] 나머지 2,790냥에 대해서는 이듬해 봄에 갚기를 청하였다. 이는 본부의 환곡이 적기 때문에 애써 마련한 곡식을 다시 돈으로 바꾸어 상납하기 어려운 상황이었기 때문이다. 감영은 이러한 사정을 참작하여 1,000냥은 정조正租 1,000석을 마련하여 감영에서 관할하는 곡물로 연안부에 그대로 두도록 했고, 나머지 1,790냥에 대해서만 빌려 간 그대로 돈으로 납부하도록 했다.

연안 도호부사는 감영과의 이러한 교섭을 통해 결과적으로 감영에서 빌려온 돈으로 진휼곡을 마련하고 한편으로는 이를 상환하는 과정에서 연안부의 부족한 환곡을 확보하는 데도 성공했음을 알 수 있다. 이 과정에서 그가 감영에서 빌려온 돈을 어떻게 곡물로 바꾸었는지에 대해 구체적인 기록은 보이지 않지만 당시 일반적으로 이용하던 방법을 사용했을 것으로 생각된다.

이러한 방법을 보통 '요리料理'라고 하는데 이를 통해 마련한 곡물은 보통 수령의 자비곡自備穀으로 간주되었다. 원래 자비곡은 수령의 봉급이나 관아의 유지에 필요한 경비를 절감하여 마련하는 것이 관례였고, 그 비축이 수령의 의무로 규정되지는 않았다. 그러나 숙종 8·9년 두 차례 사목에서, 자비곡이 진휼 과정에서 무상으로 곡물을 나누어 줄 때 우선적으로 사용하는 재원으로 규정되었다. 이에 따라 자비곡은 평상시에 수령이 확보해야 할 중요한 명목이 되었으며, 1704년 우의정 이유李濡의 제안으로 기존에는 권장 사항이었던 자비곡 마련이 수령의 의무 사항이 되었다.[87] 이후 1736년(영조 12)에는 「제도각읍저곡절목諸道各邑儲穀節目」이 반포되어 자비곡의 비축과 관리가 더욱 강화되었다. 이 절목은 매년 연말에 수령이 새로 비축한 숫자를 보고하고, 이를 상벌에 참고하도록 했다. 또한 진휼을 시행한 일이 없음에도 그 수량이 감축되었을 경우 그 많고 적음에 따라 해당 관리를 각별히 엄형에 처한다는 규정을 명시했다. 그리고 이를 『속대전』 「호전戶典」 비황備荒에 최종적으로 법제화하였다.[88]

이와 같이 자비곡의 마련이 제도화되면서 수령들은 이를 위해 다양한 방식을 동원해야 했다. 대개는 상품화폐경제의 발달에 편승하여 이무입본移貿立本으로 요리하는 방법이 이용되었다. 이무입본은 지역 간·계절 사이 곡물의 가격 차이를 이용하여 곡식을 비싼 곳으로 운반하여 높은 가격에 팔고, 그 돈으로 다시 곡식이 싼 지역으로 가서 매입하여 이익을 남기고 본전本錢을 충당하는 것을 말한다. 그 과정에서 수령이 곡물을 임의로 활용했거나 입본 과정에서 지나치게 고리高利로 취식取息하여 상인이나 부민들의 민원을 사는 등 폐단이 일어나기도 했다. 중앙정부도 그러한 부작용을 자주 지적하고 경계했다.[89] 그러나 공적인 경로를 통해 자본곡을 마련하고, 통상적인 수준의 이자를 거두어 빌려온 본전을 갚거나, 이를 진휼 재원으로 활용하는 것은 문제 되지 않았던 것으로 생각된다.

당시 진휼을 끝마치고 올린 감사의 연안 도호부사에 대한 평가에 "마음을 다해 때에 맞추어 요리하여 한 지역의 백성을 모두 구제했다."라는 언급을 볼 수 있다. 18세기 이후 자비곡이 각 군현 수령의 의무 사항이 되면서 수령은 진휼에 필요한 곡물의 비축 부담을 안게 되었고 이를 마련하는 과정에서 폐단이 발생한 것도 사실이다. 그럼에도 불구하고 위와 같은 감사의 평가에서 알 수 있듯이, 지방에서 수령의 능력에 따라 요리하여 마련된 곡물은 결과적으로 중앙의 공곡 소비를 최소화하고, 각 지방에서의 진휼을 확대 시행해 나가는 데 큰 역할을 할 수 있었다. 진휼 과정은 시기를 놓치면 안 되었기 때문에, 이렇게 마련된 자비곡은 신속히 해당 군현의 진휼곡으로 사용되었다. 나아가 남은 곡물은 지방의 진휼용 환곡을 확충하는 데에도 활용될 수 있었다.[90] 주지한 바와 같이, 18세기 이후 진휼의 방식은 흉년의 규모와 기민의 수에 따라 구체적으로 세분화되었다. 이는 공곡을 사용하는 공진과 수령의 자비로 시행하는 사진, 그리고 기민의 수가 적은 경우 공곡을 사용하지 않고 최소한의 기민을 구제하는 구급의 방식으로 구분된다.[91] 이러한 세분화된 진휼 방식이 운영되는 데에 자비곡의 제도화는 중요한 역할을 했다.

한편 자비곡과 함께 진휼에 필요한 곡물을 모집하는 납속책의 한 형태로 권분勸分이 활발하게 활용되었다. 본래 권분은 부민富民이 곡식을 관가에 바치는 것이 아니라, 그의 형제, 인척, 이웃, 빈민 등에게 직접 나누어주는 것을 의미했다. 그리고 이때 나누어주길 권했던 곡물도 백급이 아니고 팔거나 빌려주는 것이었다.[92] 그러나 조선 후기에는 흉년 시 진휼 재원의 확보를 위한 납속 논상納粟論賞 제도로 성격이 변하면서 부민이 관아에 곡물을 바치고 진휼곡의 실제 지급은 관에서 담당하는 방식을 의미하게 되었다.

1815년 전라도 임실현에서 시행된 진휼 과정에서 권분의 구체적인 방법을 엿볼 수 있다.

마땅히 이러한 큰 흉년으로 민사民事가 애통하나 관아의
창고는 텅 비어 믿는 바는 오직 경내의 조금 넉넉한 백성

의 재속財粟을 각출하여 이를 구제하는 길뿐이다. 이는 인심
仁心, 의기義氣와 관련된 일이라 스스로 그만둘 수 없을뿐더
러, (중략) 금번 가을 수확을 이미 완료하여 거두어들인 곡
물을 후록後錄에 기록된 수량대로 갖추어 대비해야 한다. 관
가에서 가져다 사용한다는 뜻을 일일이 알린 후, 각자의 이
름 아래에 수착手着을 받고 이로써 납부함이 마땅한 일.[93]

부민의 곡물을 각출하여 권분에 응할 것을 지시하였음을 알 수
있다. 권분은 자원자의 원납을 원칙으로 하였으나, 실제로는 이처
럼 군현에서 곡물을 많이 쌓아두고 있는 호를 뽑아 진휼 재원에 보
탤 것을 효유하는 모습이 일반적인 경우였던 것 같다. 당시 임실
현에서는 이러한 수령의 전령 결과 상을 받기 원하는 권분으로 조
210석, 미 50두, 돈 1,463냥을, 상을 바라지 않거나 받을 수 없을 정
도로 액수가 적은 자들은 원납願納으로 구분하여 모두 합해 겉곡
287석 4두, 쌀 452두 9승, 돈 680냥 5전을 거두었다.
　앞서 본 예산 현감의 경우는 구체적 내용을 확인할 수 없지만 사
진에 참여한 부민들을 불러 모아 간소한 잔치를 시행했다는 사실에
서 부민들이 이와 유사한 다양한 방법으로 진휼에 참여했음을 짐작
게 해준다. 연안도호부 역시 1744년 진휼을 마친 감사의 기록에 부

민 6명으로부터 805석을 권분으로 거두었다.

권분은 흔히 관에 의한 강제성으로 인해 민간 소요를 일으키거나, 부민에 대한 수탈, 혹은 지방에 진휼 재원을 떠넘긴 것으로 설명되는 경우가 많다. 하지만 당시 향촌 사회 내에 권분에 응할 경제적 능력을 갖춘 계층이 존재했기에 가능했다는 점도 고려해야 한다. 이는 1732년(영조 8) 권분을 공식 제도화한 「부민권분논상별단富民勸分論賞別單」의 권분액수로 규정된 1,000석, 500석, 100석, 50석 단위의 기준에서 알 수 있다. 알려진 바와 같이, 조선 후기에는 기존의 양반 지주층 외에 새롭게 부를 축적하여 성장한 부민들이 상당수 존재했다. 이 무렵 국가에서는 이들의 존재를 주목하고 적극적으로 국가의 진휼 과정에 끌어들이는 방법의 하나로 권분을 활용하고자 했던 것으로 이해해 볼 수 있는 부분이다.

다만, 이러한 규정에도 불구하고 여전히 권분을 빙자한 '늑분勒分' 혹은 '늑탈勒奪'로 표현되는 강제성의 문제는 사라지지 않았다. 이에 권분을 금하는 명령이 영조 연간 1737년과 이듬해, 1762년에 내려졌고 1794년(정조 18)에도 이를 금하고 1799년(정조 23)까지 권분과 함께 공명첩의 발매가 한동안 중지되기도 했다가 그러한 가운데 법제적인 규정도 강화되어 영조 연간 『속대전』에는 "비곡備穀을 칭탁하여 민간에서 권분하는 것은 엄금한다."라는 규정을 두었다. 정조 연간의 『대전통편』에도 재차 규정되어 이를 위반한 수령에 대해 처벌하도록 했다.

그런데 이러한 규정들은 권분의 과정에서 늑분, 늑탈을 경계하고 이를 금하고자 했던 것으로 권분 그 자체를 금지한 것은 아니었다. 정조는 당시 권분을 금하라는 윤음을 내리면서도 권분을 금하는 본뜻은 늑분을 금하는 데 있으며 그 본의를 의기義氣로 같은 지역에 거주하는 이웃을 구제하는 '유무有無를 서로 돕는 약조[有無相資之條]'와 같은 것이라고 표현하기도 했다.[94] 부민들이 의기로써 스스로 원하여 납부하는 것이라면 금지할 수 없음을 알 수 있다. 그로 인해 권분을 금하면서도 『대전통편』에는 권분이라는 용어를 대신하여 스스로 원하여 납부한다는 의미가 강조된 '원납인願納人'으로 표현하며 '50석 이상이면 기록하여 임금에게 보고하고 50석 이하면 본도本道에서 시상施賞한다.[95]'라고 규정되었다.

조선시대 권분에 대한 평가는 현재에도 당대인들이 지닌 부정적인 인식과 유사하다. 주로 국가재정의 열악성, 진휼곡의 지방 전가, 부민에 대한 수탈 등으로 표현되는 부정적인 시각이나 평가가 대부분이다. 그러나 이를 일방적인 부민의 수탈로만 볼 것이 아니라 진휼의 실효성을 높이기 위한 중앙과 지방 군현 수령의 개입과 향촌 사회의 역할이 조화를 이룬 결과였다는 측면에서 이해할 필요도 있다. 권분에 참여한 부민들 역시 자신들의 경제적 기반과 권력의 근거를 두고 있는 향촌에서 발생하는 흉년으로 인한 피폐함을 도외시할 수만은 없었다. 따라서 그들은 향촌 사회 공동체의 일원으로서 곡식을 관에 내놓거나 자신들이 거느린 사람들을 우선 구제하는 등, 향촌 내 진휼 활동에 참여해야 할 필요성이 있었다. 나아가 명분상으로도 이러한 방법은 성리학적 상호부조주의 전통의 유제로서, 자신들이 기민에게 최소한의 시혜施惠와 인仁을 실천하고 있음을 거주한 향촌 공동체에 드러내는 수단이 되었다. 그들에게 있어서도 이는 향촌 사회 내에서 기존의 지위와 영향력을 보존해 갈 수 있는 방법이 될 가능성이 높았다.

중앙과 지방 군현에서는 향촌 사회에 거주하는 부민들에게 당연히 그러한 역할을 기대했다. 이들과 협력하여 흉년에 공동으로 대처해 나가고자 했던 것이며, 수령은 이러한 과정에 적극 개입하여 향촌 사회 내 흉년으로 인해 발생하는 경제적 혼란과 사회적 불안 요소를 차단해 줌으로써 부민들의 역할을 더욱 조장해 나갈 수 있었다. 권분의 의미와 역할을 이러한 입장에서 접근해 보면, 그것은 무조건적인 부민에 대한 수탈이 아니었다는 점이 명확해진다.

조선시대 여타의 행정운영과 마찬가지로 진휼 행정의 운영도 중앙정부의 관할 아래 지방의 최하 향촌 단위에서 운영의 일부를 수령에게 맡기고 있었다. 그 과정에서 수령에게 일정한 자율권이 허용되었고, 이를 통해 수령은 부민이 지닌 향촌 사회에서의 역할, 그리고 이에 대한 책임을 강조해 가며 그들이 권분에 참여하도록 권면勸勉했던 것이다.

그리고 이와 같이 권분의 시행을 조장하고 권면할 수 있었던 것은 중앙과 지방 군현의 일방적인 행정 노력만으로 이루어진 결과는 아니었다. 이는 여기에 호응할 수 있는 상당수의 부민들이 당시 존재했기 때문에 가능했다. 즉 그 배경에는 조선 후기 상업적 농업, 장시의 확충, 분화된 생산방식의 발전, 유통경제의 활성화 등 사회경제적 변화와 발전 과정에서 새롭게 성장하여 부를 축적한 부민들의 등장과 존재가 있었다. 수백 석, 수천 석 이상의 권분이 가능했던 부민층의 형성, 그리고 수령 자비곡의 마련 과정에서 보이는 요리 등의 방법은 조선 후기의 상업 발달이나 부민층의 성장과 관련된 것으로 전기에는 볼 수 없는 것이었다.

이렇게 볼 때, 자비곡의 마련이나 부민들을 참여시킨 권분은 조선 전기 공곡 위주의 진휼 사업에서 다양한 재원의 창출을 모색한 결과였다. 이는 조선 후기 사회경제적 변동과 발전이라는 시의時宜에 맞춰 18세기 이후 진휼이 한층 확대될 수 있는 한 요인이기도 했다.

따라서 이러한 방법의 진휼 재원 마련에서 수령의 역량과 역할은 더욱더 중요하게 강조되어 갈 수밖에 없었다.

부세 행정과 수령의 역할

조선시대 수령의 역할은 행정 체계상의 국왕-감사-수령의 상하관계를 중심축으로 하여 이루어진 다양한 행정 운영의 방식 속에 지방 지배를 실현하는 존재로 설명되었다. 국가의 지방 통치를 위한 행정 소통 체계의 측면에서 수령의 임무와 역할은 이러한 구조 속에서 달성될 수 있었다. 그런데 이 체계 속에서 수령은 중앙의 지시를 대변하는 자의 위치에 있었지만, 한편으로는 동시에 군현 내 백성들을 보살피고 군현의 이익을 보호하려는 양면적 역할을 수행해야만 했다. 이를 위해 수령은 경우에 따라 상급 행정 단위, 또는 인접 군현과의 마찰을 최소화해 가며 향촌 내 여러 문제를 조정하고 자신이 다스리는 군현의 입장을 대변해 나가기도 했다.[96] 그 과정에서 수령은 자신이 다스리는 지역민에 대한 제한적이이지만 자율권을 가진 통치자로서의 면모를 드러낼 수 있었다. 앞서 진휼 행정에서 그 일면을 살펴보았듯이, 여기서는 백성들의 각종 부세 부담을 줄이고자 했던 수령의 부세 행정에서는 이러한 특성이 어떻게 나타나고 있는지 언급하고자 한다.

부세 수취의 근거가 된 농형農形보고

앞서 조선시대 농업생산 과정은 크게 권농, 감농, 진휼 세 가지 요소로 구성되었음을 이미 언급하였다. 그중 농형과 강수량을 면밀히 살피는 감농은 진휼의 시행 여부를 판단하는 과정이기도 했지만, 그에 앞서 한해 부세의 수취량을 결정하는 중요한 근거가 되었다. 예산 현감 한경이 남긴 『오산문첩』에는 감영에 올린 보고 203건 중 1/4에 해당되는 50건이 감농의 과정과 관련된 농형 보고 기록이다. 농형 보고는 수령이 농사의 상황을 얼마나 주의 깊게 살피고 있는지를 잘 보여준다.

예산 현감의 농형 보고와 관련된 사실들을 1760년(영조 36)의 경우부터 살펴보자. 1760년 4월 감사의 지시에 따라 그는 기경起耕을 권장하며 농우의 상호대여 및 종자와 양식이 부족한 자들은 환곡을 나누어 주며 농사를 독려하고 있다. 동시에 작황에 대한 상세한 보고가 이루어졌고 지속적인 가뭄으로 인해 이앙한 모는 뿌리를 내리기도 전에 말라갔고, 화종和種도 성장에 어려움을 겪을 것으로 예상되었다.[97] 이어 5월에는 그로 인해 기우제 시행을 요청하는 한편, 현 내 동쪽 3개 면은 고조답高燥畓[98] 외에 겨우 모내기를 완료하였고, 서쪽 6개 면은 물을 끌어와 관개灌漑한 곳은 간간이 모내기를 실시했으나 오원리면의 녹야평, 우가산면 벌리평, 신대평 등 많은 평야는 모두 모내기하지 못한 적지赤地가 되었다는 보고가 이어진다. 이에 예산 현감은 덕선산, 지장산, 융굴산, 사직단에서 4차례에 걸친 기우제를 시행하였고, 노魯나라 목공穆公이 가뭄 극복을 위해 무격巫覡을 동원하여 기도했던 고사를 따라 무격의 기도를 청했다.[99]

4차례의 기우제 실행 이후에도 기대만큼 비가 내리지 않자, 예산 현감은 각 면에 전령을 내려 대파의 시행을 준비하라고 지시하였다. 그리고 7월에 이앙을 완전히 놓친 농민들의 메밀 종자 요청이 잇따랐고, 감사의 지시에 따라 부족한 메밀 종자 대신 환곡을 분급하였다.[100] 이후 8월 19일의 농형 보고에 따르면, 예산현의 농형은 처음에는 가뭄에 손상되었고, 두 번째는 홍수에 병이 들어 이미 큰 흉년으로 판명되었다. 가뭄과 함께 7월 말 이후에는 많은 비로 거듭 수재를 당했던 것으로 보인다. 그 결과 예산현의 9개 면 가운데 동쪽의 2개 면은 간신히 흉년을 면했지만, 기름진 평야지대에 위치한 나머지 7개 면은 가뭄과 서리를 만나 모두 황폐한 땅이 되었다.

1761년(영조 37)의 농형 보고 내용을 보면, 예산현의 농작 상황은 전년도에 비해 나아진 것이 없었다. 이 해의 농형 역시 처음에는 순조로웠으나, 5월부터 시작된 수해와 가뭄으로 양맥兩麥, 곧 보리와 밀이 흉작으로 판명되면서 흉년의 조짐을 보이기 시작했다.[101] 계속되는 농형 보고에서도 양맥의 흉작과 가뭄으로 인한 이앙의 차질, 그리고 한

차례 1려犁[102]의 적은 비가 내렸지만 가뭄을 해갈하기에는 부족하다는 언급이 이어졌다.[103] 이에 예산 현감은 6월 초 5일, 7일, 9일, 10일에 4차례의 기우제를 시행하였고 이후 다행히 한차례 큰비가 내렸다.

그러나 농민들은 비가 내렸음에도 불구하고 농사의 절기를 이미 놓쳤다는 이유로 이앙을 포기하려 했다. 이에 예산 현감은 직접 전답에 나가 농민들을 타이르고 각 면에는 향소鄕所를 나누어 보내 일일이 감독하며 이앙을 독려했다. 그 결과 10분의 2, 3을 제외하고 대부분 이앙을 완료할 수 있었다.[104] 이처럼 한 차례 큰비로 어느 정도 이앙을 완료했으나 7월에 다시 찾아온 늦가뭄과 동풍이 불어 뒤늦게 이앙한 곳은 물론 밭작물까지도 피해를 입게 되었다.[105]

결국 8월 11일의 농형 보고에 의하면, 일찍 이앙한 모는 거의 여물었지만 늦게 이앙한 모는 서리 내릴 시기가 다가와 냉해로 인해 제대로 결실을 보기 어렵게 되었다. 그리고 밭의 각 곡도 겨우 살아나다가 궂은 비로 다시 손상을 입어 수확을 장담하기 어려운 상태가 되었다.[106] 그리고 9월 초 2일의 기록에 따르면, 일찍 이앙한 곳의 벼도 갑자기 내린 우박으로 재해가 우려되는 상황에 직면하였다.

1761년 예산현의 농형은 이처럼 지속되는 가뭄에 의한 흉작은 아니었으나 수해와 가뭄, 그리고 풍해風害, 우박 등의 다양한 요인에 의해 시시각각 변하며 수확에 어려움을 겪고 있음을 알 수 있다.

1762년(영조 38) 역시 3월부터 농형 보고가 계속되었는데, 5월 말의 보고에 의하면,[107] 한 달간 가뭄이 지속되면서 보리와 밀이 다시 흉년의 조짐을 보였다. 또한 모내기 한 논바닥 곳곳이 갈라지기 시작했으며, 저지대의 답[汚下畓] 가운데 먼저 이앙한 곳은 모가 미처 뿌리를 내리기 전에 말라 죽는 피해가 발생했다. 이에 윤 5월 초 8일, 10일, 12일 덕선산, 지장산, 용굴산에서 3차례 기우제를 지냈고, 무격의 기도 시행을 건의하였다.[108] 그리고 가뭄이 계속되는 상황에 예산 현감은 물을 끌어올 수 있는 곳은 한시라도 늦출 수 없으니 두촌과 금평면에 물을 대는 송당보松堂洑 수축을 긴급히 지시했다. 그런데 이 보洑는 조수潮水가 드나드는 곳이라 하루 안에 공사를 마치지 못하면 앞선 노력이 헛수고가 될 위험이 있었다. 이에 현감은 9개 면의 민인들을 일시에 동원하고자, 각 청의 인원들에게 24일 새벽까지 가래[加羅] 1개씩을 지니고 모이도록 지시했다.[109] 아울러 가뭄이 지속되자 5월 27일 메밀의 대파를 위해 인근 홍주목에 부족한 메밀 종자 1백 석을 이전해 달라고 요청했다.[110]

6월에 들어서도 가뭄은 계속 이어졌다. 10일 예산 현감은 감영에 이를 보고하며 다소 과장된 표현을 사용했는데, "간혹 1백 호가 모여 사는 큰 마을이라도 한 포기의 모를 심은 곳조차 없다."라고 했다. 이후 6월 말 25일~26일 진시辰時까지 이틀 동안 많은 비가 내려

전답의 각 곡이 어느 정도 해갈解渴되었지만 5달 내내 이어진 가뭄에 여러 곡식의 손상이 누적되어 작황을 장담할 수 없었다.[111]

예산 현감은 이 같은 흉년에 백성들이 흩어져 떠돌며 구걸할 것을 걱정하여, 각 면에 전령을 내려 백성들을 안심시켰다. 즉, 작황이 조금 나은 면리의 백성은 이웃을 돕는 의리를 잊지 말아야 하며, 관에서도 별도의 조치를 취할 것이니, 관과 백성이 서로 믿고 마음과 힘을 하나로 모아 재해에 대비할 것을 지시하였다.[112]

그러한 가운데 7월에도 가뭄이 이어지다가 22일부터는 장마로 인한 수해가 닥쳤다. 이로 인해 가뭄 끝에 얼마 안 되는 곡식마저도 큰 피해를 당하게 되었다. 8월, 큰 홍수가 지난 뒤 현감이 9개 면을 돌아다니며 살핀 결과, 무한천과 접한 서쪽의 7개 면은 여러 날 동안 물이 빠지지 않아서 전답의 각 곡에 특히 심각한 피해를 입고 있었다. "처음에는 흉년을 당해서 전에 없던 가뭄을 입고, 끝에는 홍수를 당해 일 년에 두 재해가 서로 이어져 남아있는 곡식이 거의 없다시피 했다."라는 한경의 말처럼, 1762년 예산현의 농형은 한재와 수해가 거듭 이어지며 최악의 흉년을 맞고 있었다.[113]

지금까지 살펴본 수령의 이러한 농형의 보고는 10일에 한 번씩 작성하여 감영에 보고되었고, 감영에서는 이를 취합하여 호조에 농형장계農形狀啓로 올리게 된다. 조선 왕조의 농정은 이러한 주기적인 농형의 보고의 체계를 기반으로 농사의 풍흉을 살피며, 그에 따른 부세 수취량 결정 및 진휼 시행의 여부, 기타 관련된 여러 적절한 대책을 강구해 나갈 수 있었다.

부세경감을 위한 수령의 고뇌와 선택

① 급재결 확보를 위한 수령의 노력

위에 살펴본 농형 보고 기록을 통해 알 수 있듯이, 예산현은 1760년부터 1762년까지 3년 연속 흉년을 겪고 있었다. 이처럼 계속된 흉년 속에서 예산 현감은 재해 입은 토지를 파악하는 재결災結의 보고 과정에 상당한 어려움을 토로하였다. 이는 1760년 10월 감사에게 재결을 보고하는 다음의 첩보에서 알 수 있다.

> ① 현감이 말을 타고 직접 농지를 밟으며 오산烏山 일대를
> 거의 돌아다녔는데, (중략) 제가 군현을 다스리는 임무를
> 맡은 처지로 빈궁한 백성들의 재산을 빼앗은 가혹한 정
> 치割剝之政를 하게 되니, 관아에 돌아와서 근심과 탄식으
> 로 밤중에 자다가도 세 번이나 일어나 생각을 해봐도 어
> 찌하면 좋을지 방도를 몰라 답답합니다. 그래서 재결 보
> 고의 마감을 최대한 미루고 피해 규모를 깎고 또 깎고 줄

이고 또 줄이어 보고했기에, 흉년을 핑계로 명목을 과장하여 감영을 시끄럽게 하거나 재결을 넘치게 허위 보고하여 공무를 소홀히 하고 명예를 탐하는 습속[要譽之習]은 제가 감히 할 수 없을 뿐만 아니라 하고 싶지도 않습니다. 백성이 죽고 사는 것이 오직 재해의 조사[勘災]에 달려있고, 재해 조사는 또한 오직 사또에게 달려 있으니, 사또께서 참작하여 처리해 주십시오.

② 더구나 큰 흉년이 든 올해에 재해 규모를 집계하는 일[執災]에 있어서는 조금이라도 소홀히 해서는 안 된다. 이미 민간에서 보고된 재해 규모가 지나치게 많았으나 이를 재감裁減하지 않고 그대로 모두 감영 보고하였다. 반면 조정에서 재해로 나누어준 것[俵災]은 몹시 적어서 모든 읍에서 보고한 재결을 감영에서 대폭 삭감하여 혹은 3분의 2나 4분의 3을 삭감당한 곳도 있다. 그러나 본 고을의 경우에 6백여 결 중에 삭감된 수가 불과 1백여 결에 불과하니, 이는 감영에서 본 고을의 백성을 극진히 보호해 준 덕분이라고 할 만하다.[114]

위 기록에서 보이듯, 예산 현감은 자신의 재결 보고가 백성들에 대한 가혹한 다스림[割剝之政]을 행한 것이었고 결코 요예要譽, 곧 명예를 구하기 위해 재해를 과장한 것이 아님을 강조했다. ②의 기록에 의하면, 이러한 그의 주장은 감영에서 수용되었으며, 보고한 600결의 재결 가운데 다른 군현에 비해 훨씬 적은 1백여 결만 삭감되었다.

그런데 ②의 밑줄 친 언급은 ①의 기록에서 말하고 있는 것과 달리, 그는 면리에서 보고받은 재결 수를 줄이지 않고 그대로 감영에 올렸음을 알 수 있다. 이를 통해 예산 현감은 자신의 보고가 삭감될 것을 예상하며 군현에서 조사한 최대 수치를 재결로 감영에 보고했음을 짐작할 수 있다. 그 결과 감사의 처분에 따라 비록 삭감되더라도 가능한 한 더 많은 재결을 받아낼 수 있었다.

예산 현감의 모습은 급재결 수의 조정 과정에서 최대한 급재결을 확보하려는 노력의 결과였다. 이로 인해 급재결의 수를 둘러싼 감사와의 입장 차이와 교섭 과정은 늘 반복될 수밖에 없었다. 그러나 위에서 예산 현감이 스스로 언급했듯이, 중앙정부나 감사의 입장에서는 이것이 백성들에게 수령이 명예를 구하려는 정치였다고 늘 경계했다. 따라서 이러한 교섭 과정이 항상 성공한 것은 아니었다.

1761년 7월, 감사는 각 읍에서 올라온 농형 보고가 지나치게 과장된 측면이 있다고 지적했다. 이에 대해 예산 현감은 자신의 보고는 사실에 근거한 것이라는 점을 강조했다.[115] 그리고 농사가 마무리되어 가는 10월 그는 연분대개장年分大槪狀을 감영에 올리면서 자신의 보고가 과장되지 않았음을 재차 밝혔다.

재해를 집계하는 과정에서 서원書員이 가져온 재해 보고 문서를 여러 차례 퇴척退斥하고 다시 감색監色이 발견하여 보고한 농간을 절반이 넘게 실결實結로 돌렸으며, 최종적으로 현감이 직접 말을 타고 들판을 두루 다니면서 꼼꼼히 조사한 결과라고 강조했다. 예산 현감은 자신의 보고가 과장된 것이 아니었음을 계속해서 부언하며, 1760년과 마찬가지로 재결을 과다하게 줄인 "할박지정割剝之政"임을 재차 강조했다. 그러나 이에 대해 감사는 답총畓摠에 비해 재결이 절반 이상인 점을 지적하며 대개장을 보류하고 재조사를 지시했다.[116]

재결의 보고 과정에서 발생하는 감사와 예산 현감 사이의 입장 차이는 큰 흉년이 거듭된 1762년에도 반복되었다. 7월 22일 감사는 아직까지 이앙하지 못한 논의 수효를 보고하도록 지시했다. 보고에 따르면, 7월 말까지 일반 경작지 1,258결結 70복卜 1속束 가운데 이앙하지 못한 논은 691결 9복 4속이고, 면세 경작지는 논 50결 78복 7속에 이앙하지 못한 논이 29결 11복 3속이었다.[117] 7월 말까지 거의 절반 이상의 논이 재해로 인해 이앙을 하지 못하고 묵은 토지로 남아 있음을 알 수 있다.

그러한 가운데 7월에 감사가 교체되자, 예산 현감은 신임 감사의 부임 소식을 듣고 직접 찾아가 예산현의 작황에 대해 설명했다. 나아가 별도의 첩보로 상세하게 보고하는 등, 새로 부임한 감사에게 예산현의 상황을 적극적으로 알리려고 노력하였다.[118]

이후 감사는 예산현의 연분을 재해를 입은 면리 단위로 더욱 자세히 나누어 보고하라고 지시했으나, 예산 현감은 큰 흉년을 당한 형편에 사실상 면리 분등이 무의미하다고 완곡하게 답변했다.[119] 그리고 10월에 연분에 관한 일로 감사에게 첩보를 올리며 조정에서 내려온 재결이 부족하여 자신은 심력心力을 다해 재결의 삭감에 힘썼다고 주장했다. 따라서 향후의 일은 감사에게 달려 있기에 이를 참작하여 시행해 달라고 했다.[120] 그러나 그의 급재 신청은 결과적으로 감사에 의해 수용되지 못하였다. 이에 예산 현감은 감사에게 아래와 같은 내용의 첩보를 통해 더 이상 재결을 삭감하기 어려운 부득이한 실정을 토로하며 처분을 기다렸다.[121]

재해 입은 것이 매우 참혹하고 보고한 재결이 지나치지 않음은 사또께서도 이미 다 알고 있을 것입니다. 다만 조정에서 허락하지 않은 표재俵災[122]는 구차스럽고 어렵기에 이렇게 부득이한 일을 행하는 것이므로 현감이 비록 매우 부족하지만 어찌 조정의 성의를 모르겠습니까?

향후 대책은 재해 피해 상황을 감하여 보고하는 것뿐입니다. 그러나 저는 고집스러운 천성[守株之性]을 5년 동안 줄곧 지켜오며 전후의 재결에 조금의 여유가 있더라도 감영을 시험해 보기 위해 그 안에 추가하여 거절당하거나 줄여주는 방법을 사용한 적이 없습니다. 하물며 이렇게 큰 흉년에 어찌 이전에도 감히 하지 않은 일을 하겠습니까? 이는 사또께서 굽어살피고 있을 듯하니 여러 말로 변명하고 싶지 않습니다. 비록 백성들의 재해 결수를 조사해 줄이려고 해도 올해의 진결陳結은 여러 번 조사한 뒤라 실로 다시 조사할 곳이 없습니다. (중략) 아무리 생각해 봐도 다른 계책을 낼 수 없어 이전에 올린 성책을 다시 그대로 제출하고 공손히 처분을 기다리오니, 더욱 황송함을 감당할 수가 없다는 연유로 첩보합니다.

【데김題辭】 본 읍의 재해 상황은 감영에서 알고 있다. 하지만 조정에서 추가로 할당한 것이 이미 신해년에 각 고을에서 보고한 것을 기준으로 하였으므로 형세상 장차 똑같은 예로 균등하게 줄여야 한다. 환퇴還退 여부는 지금 바로 논할

것이 없으니 성책은 일단 남겨 두고 재결을 나누어줄 때를

기다릴 것.

예산 현감은 간곡한 어조로 자신의 보고가 감사를 속이며 재결을

과도하게 요구한 것이 아니며 사실에 근거한 것임을 강조했다. 하

지만 예산 현감의 요청은 수용되지 않았다. 감사는 1762년 충청도

급재결이 신해년(1731, 영조 7)에 비총比摠하여 가청재加請災를 획

급받았고, 이를 여러 읍 재결로 나누어 주어 균등하게 줄여야 한다

고 했다. 여기서 감사가 언급한 1731년 충청도의 급재결은 영조 연

간 가장 높은 44,225결의 급재를 기록한 해였다. 그리고 1762년은

이 수치에 근접하는 42,650결에 달했다.[123] 결국 감사는 여러 군현

을 책임지는 입장에서 예산현의 요청만 수용하기 어려웠던 것으로

짐작된다. 이를 통해 한정된 급재량을 두고 여러 군현에 고르게 분

배해야 하는 감사와 가능한 더 많은 재결을 확보하려는 수령의 입

장 차이가 발생했음을 분명히 확인할 수 있다.[124]

급재결을 둘러싼 수령의 고민은 비슷한 시기 연안 부사로 재임했

던 박용수의 사례에서도 확인할 수 있다. 박용수가 부사로 재임한

1743년(영조 19)에 연안부는 극심한 흉년을 겪고 있었다. 이에 그

는 이미 내려온 연분사목의 명목에 의한 3,000결의 급재결 수가 부

족하다는 점을 감사에게 언급하며 더 많은 급재를 요청했다. 감사는 이러한 요구에 대해 200결을 추가로 지급하여 3,200결을 급재하면서, 부족함으로 인해 발생하는 백성들의 원망은 감사가 감당하겠다고 답하였다. 그러나 연안 부사는 이러한 조치가 백성을 자식처럼 여기는 조정의 뜻을 제대로 받드는 것이 아니며, 이 급재결 수로는 백성들의 부세 부담이 가중되어 감당할 수 없는 넘는 백성들이 "형장을 가해도 죽기로 거부하게 될 뿐"이라고 했다. 또한 감영의 지시를 그대로 따르는 것은 위로는 조정이 자신에게 일을 맡긴 뜻을 저버리고, 아래로는 백성들에게 차마 할 수 없는 정치[不忍之政]를 행하는 것이니 간절한 마음을 다한 사실에 의한 보고이므로 차라리 감사의 처벌을 받겠다고 했다.

이듬해에도 연안 부사는 계속된 흉년으로 우심과 지차를 구분하기 어려울 정도이며, 급재결도 작년과 비슷한 3,000여 결에 달해 지난해의 예에 따라 시행해 달라고 요청했다. 그러나 감사는 작년과 분명 차이가 있음에도 분등을 제대로 하지 않음을 질책하였다. 이에 10여 일 후 연안 부사는 연해에 인근한 여러 면을 '우심'으로, 나머지 몇몇 지역을 '지차'로 분류하는 한편, 재결을 재조사하여 여러 차례 삭감한 끝에 최종 2,640여 결로 보고했다. 그럼에도 불구하고 감사는 이에 대해 경술년(1730, 영조 6)의 예에 따른 비총을 근거로

2,344결 84부 45속을 급재하므로, 재결을 또다시 조사하여 더 줄이라고 요구했다.

알려진 것처럼, 18세기 이후 재해 입은 토지의 파악 방식은 비총제比摠制로 바뀌어 갔다. 비총제는 매년 가을 호조에서 각 도의 농형장계를 참고로 연분사목年分事目을 내리면서 재해의 규모가 비슷했던 연도를 비교 기준으로 삼아 재결災結을 나누어 주는 것을 말한다. 그리고 각 도의 감사는 예하 군현의 재해 입은 토지에 대한 보고를 수합한 재실분등장계를 중앙에 올려 연분을 마감하였다. 이때 호조가 각 도에 내려준 연분사목에 근거한 급재결 수는 대체로 실제의 재해 상황에 비해 적은 경우가 많았다. 따라서 해당 지역의 감사는 재실분등장계를 중앙에 올릴 때 부족한 급재결 수에 대해 추가로 요청할 수 있었다. 이를 가청재加請災 혹은 장청재狀請災라고 했다.

따라서 비총제하에 호조 ↔ 감사 ↔ 수령으로 이어지는 급재결 수를 확정하는 과정에서 이를 둘러싸고 밀고 당기는 조정 과정이 발생할 수밖에 없었다. 호조는 국가재정과 직결되는 급재결 수를 가능한 한 줄여보고자 했고, 감사는 이러한 입장을 어느 정도 대변하면서 한편으로는 가청재를 통해 예하 군현 수령들의 요구도 제한적으로 수용했다. 그러한 까닭에 수령은 급재결의 신청 과정에서 1차적으로 가능한 한 더 많은 급재량을 받아내고자 했고, 감사 역시 수령의 농형 및 재결의 보고가 사실에 기초한 것인지에 대해 지속적으로 환기시켜 나가고자 했다.

감사—수령 사이의 급재결을 두고 발생했던 이러한 견해 차이는 비총제에 기초한 부세 수취에서 급재결에 따라 부세의 견감 액수가 달라질 수밖에 없었기 때문이다. 이 과정에서 수령에 의한 군현 단위의 급재 신청은 중요한 부분을 차지하였고, 그로 인해 감사에 대한 수령의 교섭 능력은 급재결 결정에 중요한 역할을 하였다. 1772년(영조 48) 장령 이사회李師會의 상소에 "근래에는 도신이 각 고을에 재결을 나누어 줄 때에 농사 형편으로 분등分等하지 않고 단지 안면의 친소親疏만을 쫓아서, 혹 초실읍인데도 지나친 숫자를 주니 그곳은 힘이 있는 수령임을 알 수 있고, 혹은 우심읍인데도 대략 시행하여 미치니 그곳은 세력이 없는 수령임을 알 수가 있습니다."[125]라고 한 언급은 그와 같은 상황을 잘 말해준다.

그러므로 앞서 살펴본 바와 같이 수령들은 급재결의 신청 과정에서 마치 관용어구처럼 자신의 보고가 오히려 백성들에게 가혹한 다스림인 '할박지정割剝之政', '불인지정不忍之政'으로 비칠 수 있음을 강조했고, 이것이 결코 백성들에게 명예를 구하기 위해 재결의 규모를 과장한 것이 아니었음을 적극적으로 피력할 수밖에 없었다. 더 많은 급재량을 확보하려고 노력했던 수령의 이러한 밀고 당기는 과정은 군현을 책임진 수령이 지닌 감사에 대한 교섭 능력과도 밀접한 관련이 있었다. 결국 급재량의 확보는 수령 개개인의 능력에 따른 요소에 크게 의존했으며, 이는 수령 행정에서 나타나는 인치주의적 인 특징을 보여주는 대표적인 모습이기도 했다.[126]

② 각종 부세 견감과 수령의 재량권 행사

수령의 교섭 과정을 거쳐 급재결이 확정되면, 그에 따른 다양한 명목의 부세에 대한 견감 조치가 시행된다. 1743년 연안부의 사례 를 보면, 연안 부사는 '우우심읍尤尤甚邑'에 적용하는 기준과 신축년 의 사례를 근거로 군포軍布와 공포貢布의 정지와 감면, 환곡과 군향 의 정퇴, 전세와 상정미詳定米 등 연안부에서 담당하는 다양한 부세 의 변통을 요청했다. 그 결과 군포와 공포의 당해 연도 납부액은 탕 감받았고, 전세와 상정미, 환곡, 군향 등 기타 부담의 절반은 정퇴하 도록 허락받았다.

이에 만족하지 않은 연안 부사는 쌀로 납부해야 하는 전세, 상정, 공물가미 등에 대해 다른 명목으로 징수할 수 있도록 감사에게 요 청했다. 이에 대해 호조와 선혜청은 전정田政과 정공正供의 중요성 을 강조하며 일개 수령이 이를 변통함은 불가능하다고 반대했다. 그럼에도 불구하고 연안 부사는 자의적인 재량으로 쌀大米과 좁쌀

[小米]로 구분하여 바치라는 전령을 내렸다. 그리고 호조에서 이를 용납할 수 없다는 관문이 내려왔음에도 대·소미로 나누어 거두는 자신이 죄를 감수하겠다고 말하며 감사에게는 호조와 선혜청에 다시 장계를 올려 변통해 줄 것을 강하게 요청했다.

이때 연안 부사는 해주목, 배천군, 강령현 등의 수령과 함께 다시 한번 전세로 거두는 쌀과 콩[田稅米太]의 징수 방법에 관한 변통을 함께 건의했다. 전세는 중요한 사안이지만, 흉년으로 농사를 망쳐서 쌀의 품질이 좋지 않으므로 부득이하게 돈으로 대신 작전作錢하여 상납할 수밖에 없다는 내용이었다. 이에 대해 감사는 호조에 직접 보고하여 추진하라고 지시했고 연안 부사는 이 문제를 호조에 직접 첩보했다. 호조는 재해를 심하게 입은 상황을 고려하여 돈으로 대신 납부하는 것을 허용하되, 매번 가격을 너무 낮게 책정하는 경향이 있으므로 대미 1석에 돈 6냥, 전미田米 1석에 돈 5냥, 콩 1석에 돈 3냥의 작전가에 맞추어 상납하도록 했다. 연안 부사는 그에 따라 경내의 곡가를 조사하여 보고했고, 호조에서 제시한 가격보다 낮았음에도 재량껏 후속 조치를 취했다. 백성들에게 전령을 내려, 앞서 대미와 소미를 구분하여 납부하는 것을 취소하고 작전하여 상납할 것이므로, 대미 1석은 돈 5냥, 콩 1석은 전 2냥으로 가격을 낮춰 작전하여 2월 중순까지 바치라고 지시하였다. 그리고 호조에 첩보를 보내, 호조의 작전가가 높아서 감당할 수 없기에 어쩔 수 없이 가격을 낮추어 작전하게 되었다고 보고했다. 이후에 이 문제가 어떻게 해결되었는지는 확실하지 않다. 다만 연안 부사는 본부本府에서 경사京司로 상납하는 과정에 문제가 생겨, 이를 해결하기 위해 상경하여 호조와 선혜청에 직접 주선할 필요가 있다는 이유로 감사에게 휴가를 신청하여 허락받았다. 그가 이 문제를 해결하기 위해 직접 노력했던 것으로 보인다.

이듬해에도 연안에서 상납하는 상정미의 명목인 공물가미貢物價米와 방물가미方物價米 및 월과가미月課價米의 변통을 요청하였다. 즉 연안은 상정미 자체가 부족한 데다가 흉년으로 쌀의 품질이 좋지 않아 중앙에서 받지 않을 것이라는 이유를 들어, 그 일부를 비교적 농사가 잘된 다른 군현에 분정分定해 줄 것을 건의했다. 이와 같은 요구에 감사는 처음에는 거부했으나, 연안부에서 상납하는 구체적인 명목을 자세히 언급하면서 재차 요구한 결과 방물가미와 월과가미를 포함한 853석의 미를 황해도의 다른 군현인 송화현松禾縣과 문화현文化縣으로 전가하는 데 성공하였다.

이처럼 자신의 다스리는 고을의 여러 가지 부세의 운영을 변통하려 했던 수령의 모습은 예산 현감의 모습에서도 그대로 나타난다.

1760년 5월, 예산 현감은 각 면에 전령을 내려 6월에 각 점포의 우두머리 마철장[各店戶首馬鐵匠], 유기장柳器匠 등이 관아에 바쳐야 할 비용을 감면하고, 이어 10월에는 흉년으로 본관本官에 납부해야 할 돗자리[席子]와 군역의 대가로 보인保人이 납부해야 할 보전保錢을 전부 탕감했다.[127] 이와 같은 조치는 군현의 수령이 지닌 재량권으로 가능했다. 그런데 수령의 능력에 따라 납세의 총량을 규정 받는 중앙 상납분에 대해서도 허용 범위 내에서 감면 조치를 시행하기도 했다.

중앙 상납분 각종 부세의 정지, 감면과 납부 연기의 조치는 감사가 도내 각 군현의 흉년 정도를 우심, 지차, 초실로 나누어 보고하면 중앙의 논의와 조정 과정을 거쳐 해당 군현에서 시행되었다. 예를 들면, 1761년 예산현은 우심읍에 해당되는 조치가 취해졌다.[128] 예산 현감은 11월 초 1일에 환곡과 군향의 이자[耗穀]를 절반으로 줄여 탕감한 보고서를 감사에게 올렸다. 그리고 12월 초 3일에 다시 전령을 내려 아직까지 미납한 자들은 절반의 이자를 탕감하고 이미 모두 납부한 자는 내년 봄 환곡 분배시 그만큼 추가 지급해 주겠다고 했다.[129] 이러한 조치는 우심읍에 해당되어 공식적으로 중앙정부와 감사를 거쳐 각 군현에 허용되었던 것이었다.

그런데 이러한 중앙정부의 조치를 이행하는 과정에서 수령은 재량권을 발휘하기도 했다. 1762년 충청도 전체는 흉년으로 환곡還穀·

군포軍布·신포身布 등에 대한 여러 조치가 결정되었다.[130] 그 가운데 군포에 관한 세부 내용을 보면, 군미軍米·군포軍布와 선무군관포選武軍官布 등을 우심읍의 초실면稍實面은 정해진 수량대로 거두고, 지차면之次面은 3분의 1을 감하고, 우심면尤甚面은 절반을 감면했다. 하지만 예산 현감은 감사에게 첩보를 올려 재해 상황에 따른 면리별 등급 분류에 문제를 제기하였다.

　납부해야 할 각 읍의 군역대상자가 실린 군안軍案을 친히 살펴보고 가좌성책과 비교해 보니, 군안에는 초실면에 사는 자가 혹 우심면과 지차면에 살기도 하고 우심면과 지차면에 사는 자 혹 초실면에 거주하고 있습니다. 대개 당초 역役을 정할 때에는 이쪽 면에 살고 있다가 저쪽 면에 옮겨 거처하였는데 군안의 수정은 예전 기록에 의존하여 그렇게 된 것입니다. 만약 군안에 적힌 대로 거둔다면 실제로 피해를 입은 백성에게 혜택이 모두 돌아갈 수 없고, 현재 거주지를 기준으로 거둔다면, 군안을 확인할 때 반드시 서로 맞지 않게 됩니다. 그런데 면의 등급을 나눈 보고서는 지금 당장 수정할 수가 없으므로 그 이유를 품보稟報하오니, 어떻게 처리해야 할지 고려하여 한 가지로 지시를 내려 행하소서.[131]

이 내용은 재해 상황에 따른 면리별 등급 분류가 군안의 기록과 실제 거주지의 차이로 인해 백성들에게 실질적인 혜택을 주지 못할 수 있다는 점을 지적한 것이다. 이에 대해 감사는 분명한 해결책을 제시하지 않았다. 즉 중앙 각사[京司]에서는 군안에 기록된 수효에 따라 거둘 뿐이므로 원래의 숫자에 가감이 없다면 백성들에게 실질적인 혜택이 돌아가도록 현감이 적절히 처리하라는 지시를 내렸다. 이에 따라 예산 현감은 11월 22일 각 면에 전령을 보내 이번 가을과 겨울에 거두는 군미·군포·선무군관포를 대신하여 돈으로 납부하는 액수는 모두 절반으로 줄여줄 것이니 서둘러 납부하라고 지시했다. 이어 30일에는 이와 관련된 상세한 후록이 포함된 전령을 통해 아래와 같이 백성들에게 골고루 혜택이 돌아가도록 조치하였다.

본 현은 초실과 지차, 우심을 구분하지 않고 모두 관에서 군포를 감면한다. 초실면은 조정에서 감면하라는 명령이 없었으므로, 절반은 관아에서 예전대로 부담하여 상납할 생각이다. 지차면의 경우에는 상납할 액수인 1냥 3전 4푼 내 1냥은 군역 대상 백성들이 이미 납부했으므로 나머지 3전 4푼은 관에서 또한 대신 부담하여 상납하고, 우심면은 목木 반 필을 대신해 돈으로 납부하는 대전代錢 1냥이 매

우 과중하므로 비율을 고려하여 감면한 뒤에 나머지는 다시 내어 준다.[132]

예산 현감은 우심, 지차, 초실의 피해 구분을 논하지 않고 군포를 균등하게 감면함으로써, 앞서 그가 지적한 군역 군안상의 거주지와 실제 거주지 차이로 인한 문제를 해결하였다. 그리고 후록에는 각 항목별로 백성들이 담당해야 할 부분과 여기서 관이 보조해 주는 액수, 감면 후에 지급한 액수를 상세히 기록하여 여기서 발생하는 차액은 관에서 전적으로 담당하는 조치를 취하였다. 결과적으로 예산 현감은 수령이 지닌 재량권을 충분히 발휘한 변통 조치를 통해, 백성들의 부담을 덜어주려 했던 중앙정부의 의도를 충실히 수행했다.

그런데 연안 부사의 사례에는 이처럼 중앙에 상납하는 부세뿐만 아니라 도내 상급 기관인 감영과 수영水營, 병영에 연안이 납부하는 명목의 부담에 대해서도 적극적으로 대응했던 모습도 볼 수 있다. 구체적으로 연안에서 상례적으로 감영에 납부했던 항목인 매득복조買得復租와 역복조驛復租에 대한 정퇴를 요청했다. 또한, 연안에서 부담해 온 수영의 용호진龍媒鎭 첨사僉使의 급료를 형편이 넉넉한 다른 읍에 옮겨줄 것을 요구하기도 했다. 아울러 병영에 바치는 호속미虎贖米 30석 중 4석만을 감하고 나머지를 거두라는 지시에 대해서는, 정공正供마저 탕감하는 상황에 바칠 수가 없다고 보고하였다. 이 과정에서 연안 부사는 이를 바치지 않은 죄를 중앙에 계문啓聞하여 자신을 파면하라는 주장까지 하였다. 그 결과 호속미 부담을 가을로 연기할 수 있었고, 가을이 되자 해당 규례는 잘못된 관행임을 지적하며 이를 아예 폐지할 것을 다시 한번 건의하기도 했다.

도내 상급 관청의 재정적 기반은 위에 언급된 다양한 명목처럼 군현 내에서 이루어지고 있었다. 그러므로 조정의 탕감 지시가 있었더라도 이들 상급 관청을 대상으로 한 별도의 탕감과 정퇴가 필요했다. 당시 연안 부사의 탕감 신청은 거부되기도 하고 최종적으로 어떻게 해결되었는지 알 수 없는 것도 있다. 그러나 분명한 사실은, 군현의 부담을 덜기 위한 수령의 역할이 중앙 상납분에 그치지 않고 도내 상급 관청과의 관계 속에서도 중요했음을 명확히 보여준다는 점이다.

이렇듯, 수령은 군현 내에 한정된 사안은 물론 도내 상급 기관, 더 나아가 중앙 상납분에 대해서도 가중된 농민들의 현실적인 부담을 경감시킬 수 있는 능동적인 역할을 수행할 수 있었다. 예컨대, 수령의 현명한 능력[賢能]에 따라, 자신이 다스리는 군현 단위의 백성들이 받는 견감 조치의 실제 혜택의 정도가 달라질 수 있음을 잘 보여준다. 이때 수령이 군현에서 발휘할 수 있는 재량권은 이들이 지닌 역량에 기초한 성실한 지방행정으로 이어지며, 농민들과 조화를 이루는 중요한 요소였다. 여기서 수령 행정의 인치주의적인 성격을 다시 한번 확인해 볼 수 있다.

이와 같은 사실들을 종합해 볼 때, 부세의 수취 과정에서 수령의 역할을 결코 가볍게 평가할 수 없다. 조선시대 수령은 단순히 기계적으로 부세 수취를 단순히 반복하는 것이 아니었으며, 부세 수취의 방법과 백성 부담의 총량에 적지 않은 영향을 미칠 수 있는 존재였던 것이다. 수령은 각종 주요한 부세 경감을 시행하는 과정에서 상급 기관인 감사의 끊임없는 견제를 받기도 했다. 그러나 수동적이며 종속적인 위치에만 머무르지 않고, 경우에 따라서는 적극적으로 자의적인 재량권을 통해 주도적인 조처를 취하기도 했던 것이다.

③ 환곡의 운영과 확보

― 군현에 도움이 되는 환곡은 확보하고, 부담은 덜어내다.

조선시대 농민의 식량과 종자로 분급된 환곡은 평상시에는 농업 생산을 지원하는 역할을 했지만, 흉년이 들면 농민들의 굶주림을 해결하기 위한 진휼곡으로 가장 먼저 신속하게 사용될 수 있었다. 따라서 여러 군현의 수령은 여기에 필요한 충분한 양의 곡물을 환곡으로 확보하려 했고, 한편으로는 이를 합리적으로 운영해야 하는 부담을 안고 있었다. 예산 현감 한경의 기록에도 이와 관련한 여러 가지 사실들이 보인다.

1758년 11월 2일 예산 현감으로 부임한 한경은 신환新還과 군향 명목의 환곡인 공진미貢津米를 모두 거두었다. 그리고 12월에는 안 홍미安興米와 군작미를 보관한 창고를 점검하였다.[133] 그 결과 전임 현감이 제대로 거두지 못한 액수가 상당했음을 파악하고 이를 엄격 히 징수하여 받아냈다. 아울러 40석가량은 납부 대상자가 사망했 거나 도망하여 징수할 방도가 없는 명목상의 액수임을 확인했다.[134] 이 가운데 안홍미, 공진미, 군작미 등은 유사시를 대비한 군향의 명 목이었다. 따라서 매년 분급하고 회수하는 일반 환곡과는 다르게 몇 년에 한 번씩 개색을 목적으로 분급되었다. 문제는 이러한 군향은 보통 묵고 오래된 곡식이었다는 점이다. 따라서 수령은 군현에 배 정되는 이러한 군향곡을 시의적절하게 운영해야 할 필요가 있었다.

예산 현감 한경은 당시 흉년이 계속되자 군향곡을 군현에 유리한 방향으로 활용하려고 했다. 1760년 1월 8일, 그는 감사에게 현재 예 산현의 환곡 수량이 부족해서 지속적으로 나누어 주기 어려운 상황 임을 보고했다. 이에 따라 현감은 이미 둔 안홍미 300석과 공진미 130석을 그대로 본현에 남겨두고 춘궁기에 분급할 밑천으로 사용 할 수 있도록 요청했다. 반대로 흉년으로 인한 민생의 어려움을 이유로 그해 새롭게 예산현에 배정되는 안흥미는 면제해 줄 것을 요구하였다.[135] 그 결과 예산 현감은 회수했던 안흥미와 공진미를 환곡으로 재분급했다가 11월에 다시 거두어들였다. 그런데 예산 현감은 흉년을 이유로 이때 거둔 안흥미와 공진미를 또다시 본현에 유치하고 환곡으로 분급할 것을 감사에게 요청했고, 허락을 받았다.[136] 그리고 1761년 1월 26일, 예산 현감은 감영에 첩보를 올려 작년과 마찬가지로 새롭게 배정된 안흥미 150석의 면제를 요청하였다. 이에 대해 감사는 개색을 이유로 이를 모두 허락하기는 어렵고 재해 상황에 따라 50석만을 감면해 준다고 했다. 이 같은 감사의 결정으로 안흥미 100석이 새롭게 배정되었으나, 이를 받아오는 과정에서 창고의 곡식이 모두 누렇게 변색되어 품질이 좋지 않았다. 이에 예산 현감은 안흥미를 받아와야 하는 안흥진安興鎭과 상의하여 안흥미 1두당 1전 8푼씩 돈으로 작전作錢하는 방법을 제안했다. 한경은 지금 시장 가격으로 말하면 부족한 가격이지만 묵은쌀이기 때문에 이 값을 넘지 않을 것이며, 쌀로 받아와 1두를 분급해도 실제로는 7, 8승에 불과한 데다가 받아올 때 발생되는 운반비가 절약되므로 서로에게 이득이 될 것이라고 설명했다.[137]

예산 현감은 군향 명목의 환곡을 군현에 이로운 방향으로 운영하기 위해 지속적으로 노력하였다. 그 결과, 1761년 12월에도 감사에게 요청하여 거두어 둔 안흥미 500석과 공진미 70여 석을 그대로 유치하고 내년 봄에 새롭게 배정받는 것은 면제받을 수 있었다.[138]

개색을 이유로 인근 군현에 배정되어 운영된 군향은 고을의 입장에서 볼 때 큰 부담이 되었다. 이는 대부분 여러해 묵은 오래된 곡식이었고, 운반 과정에서도 각종 잡비가 추가되었기 때문이다. 예산 현감이 안흥미를 그대로 유치하여 부족한 환곡를 보충하고, 한편으로는 새로 배정되는 것을 면제받고자 노력한 것은 이러한 이유 때문이었다. 그는 부담되는 군향의 운영을 가능한 군현에 유리한 쪽으로 조치하고자 했던 것이다. 이처럼 부세화된 각종 환곡의 명목 가운데 부담이 될 만한 것을 피하고 군현에 실질적으로 도움이 될 만한 환곡을 확보하는 일은 수령의 중요한 역할이었다. 이는 감영을 비롯한 상급 기관과의 끊임없는 교섭의 과정이기도 했다.[139]

― 환곡의 부족을 해결하고자 분주히 노력한 수령

부족한 환곡의 수를 확보하기 위한 예산 현감의 노력은 인근 군현과의 교섭에서도 확인된다. 18세기 환곡 운영은 연안에 위치한 군현[沿邑]과 산간 지역의 군현[山郡] 사이에 지역 간 곡물의 불균형이 심각했다. 예산현은 그 가운데 백성들은 많지만 다른 지역에 비해 곡식은 적어, 늘 환곡의 부족에 시달리는 지역이었다. 1760년 2월,

예산현의 환곡 상황은 흉년의 진휼로 소진하고 전후로 탕감해 주었던 이유로 2,800여 석에 불과했다. 이 가운데 절반을 남겨두고 나머지를 분급[半分半留]하면 나누어 줄 수 있는 수량은 1,400석이었다. 이는 예산현 2,800여 호에서 환곡이 필요 없는 호를 제외하고 분배해도 1호가 1년에 받을 수 있는 곡식은 1석도 되지 않은 수량이었다. 한경은 이러한 어려움을 첩보를 통해 감사에게 호소하며 환곡에 여유가 있는 인근의 읍에서 부족한 수량인 쌀 200석, 겉곡 800석, 콩 200석을 이전해 달라고 요청했다.[140]

해당 요청의 수용 여부는 명확히 확인되지 않지만. 12월에 예산 현감은 다시 동일한 이유로 감사에게 인근의 초실읍인 정산현과 청양현에서 각각 500석의 이전을 재차 요청했다. 이에 감사는 곡식이 풍족해 옮겨 달라고 청원하는 고을과 곡식이 부족해서 이전을 요청하는 고을을 사정査定하는 중이라고 밝혔다. 따라서 우선 읍창邑倉에 있는 것을 분급하고 추후에 다시 관문을 내릴 때까지 잠시 기다리라는 지시를 내렸다. 이후 예산 현감은 이듬해 1월에 다시 보고를 올려 이미 봄이 임박하여 수차례 환곡을 분급하고 나면 지속할 방도가 없음을 강조했다. 아울러 다른 읍에서 이전하려면 농사일이 바쁘지 않은 지금이 적기임을 들며 서둘러 실행해 주길 원했다. 그 결과 정산현과 청양현뿐만 아니라 남포현으로부터도 추가로 500석을 확보할 수 있었다.

그러나 당시 예산현은 당시 흉년으로 이전받은 곡식의 대부분을 무상의 진휼곡으로 사용했기 때문에, 농사철을 앞두고 농량과 종자로 나누어 줄 환곡이 다시 부족해졌다. 이에 예산 현감은 직접 감영으로 가서 감사를 만나 이 같은 사정을 호소하였고, 3월에 다시 보고를 올려 괴산군에서 곡식을 추가로 이전해 줄 것을 요청하여 허락을 받았다.

이처럼 부족한 환곡을 보충하기 위한 예산 현감의 계속된 노력으로 1761년 예산현은 청양현(200석), 정산현(300석), 남포현(500석), 괴산현(200석)에서 총 1,000석의 곡식을 옮겨올 수 있었다.[141]

예산현은 연속된 흉년으로 1762년과 1763년에도 환곡의 운영에 큰 어려움을 겪었다. 이에 예산 현감은 이전과 마찬가지로 부족한 환곡을 확보하기 위해 노력했다. 먼저 1763년 2월 17일 예산 현감이 감영에 올린 보고에 의하면, 예산현의 환곡은 지난해 이전받은 1,000석 가운데 600석은 진휼곡으로 사용되어 이미 바닥난 상태였다. 환곡을 받기 원하는 1천여 호가 있었지만 분배 가능한 수량은 겨우 1,000석에 불과했다. 따라서 현감은 인근 읍에서 곡식을 사 오기 위해 균역청 소관 결전結錢의 획급을 요청했다. 3월 29일에는 환곡의 추가 분급과 함께 감영의 영진조營賑租 306석, 상평청常平廳의 유고태留庫太 114석과 함께 인근 고을에서 추가로 1,000석을 이전해 달라고 요청했다. 뒤이어 4월 초 8일에는 충원현과 괴산현 두 읍에서 3, 4백 석을 이전해 달라고 했다.

이러한 여러 가지 예산 현감은 요구 가운데 2월 17일의 결전을 획급해 달라는 요청은 거절당했다. 감사는 지금 남은 수량이 거의 없다는 이유로 거절하고 현감이 재량껏 변통해 보라고 지시했다.[142] 그리고 3월 29일의 보고에서 요구한 사안에 대해서도 마찬가지로 거부당했다. 감사는 곡물의 추가 분배는 조정에 장계를 올려 허락을 받아야 하며, 예산현과 가까운 다른 군현들도 모두 곡물 확보를 청원하고 있는 형세라 수용할 수 없다고 하였다.

그럼에도 불구하고 예산 현감은 환곡을 계속해서 나누어 주기 어려운 절박한 상황을 호소하여, 결국 감사로부터 괴산현과 충원현에 각각 겉곡 300석을 이송하라는 뜻으로 두 군현에 분부하겠다는 지시를 받아낼 수 있었다. 그런데 예산 현감은 이 두 지역이 예산현과 거리가 멀어 곡식을 신속하게 실어 오는 데 불편함이 있고 해당 군현에서도 이를 흔쾌히 허락할지 장담할 수 없는 상황임을 지적했다. 따라서 우선 가까운 면천군에서 안흥미 200석을 예산현에 이전해 달라고 재차 요구했다.[143] 그가 이 같은 요청을 한 이유는, 면천군의 안흥미가 지난겨울 새로 거둔 양질의 곡식이며, 보관 중인 창고가 본현의 포구를 사이에 두고 서로 바라보는 가까운 거리에 있어 운반상 편리했기 때문이었다. 이러한 까닭에 자신의 요청이 그 수효가 적더라도 한때의 다급함을 신속히 구제할 수 있고, 면천군도 배로 운반하는 어려움을 덜 수 있어 양측에 모두 이익이 된다고 주장하였다. 감사는 예산 현감의 이 같은 요청에 대해 일의 형세가 편하고 좋으니 보고한 대로 허락해 주었다.[144] 예산 현감은 이처럼 계속해서 시의적절한 변통을 통해, 부족한 환곡의 수량과 함께 충실히 그 기능을 발휘할 수 있는 양질의 곡식을 확보하려 했던 것이다.

이듬해인 1763년(영조 39)에는 충청도를 비롯한 삼남 지방에 흉년이 들자, 중앙정부에서 안집사安集使를 파견했다. 그리고 이들의 요청으로 국왕은 함경도 교제창의 곡식을 특별히 삼남지방에 지급하여 백성을 구휼하라는 전교傳敎를 내렸다.[145] 당시 충청도 예산현 역시 전년도 흉년의 여파로 환곡 운영의 어려움을 겪고 있었다. 예산 현감은 이러한 문제를 해결하기 위해 안집사를 직접 찾아가 백성들의 상황이 황급함을 호소했다. 또한 첩보를 올려 교제창곡 1,000석을 특별히 지급해 줄 것을 요청했다. 안집사는 예산 현감의 요구에 대해 본현의 형세를 잘 알고 있지만, 현재 나눠줄 수 있는 곡식이 부족하므로 교제창곡이 도착하는 대로 분배하기를 기다리라고 답했다. 그리고 같은 날 예산 현감은 감사에게도 첩보를 보내,

진휼 재원으로 지금 본 현에 분배된 강도미江都米 100석 외에 500석을 추가로 지급해 달라고 요청하여 허락받았다.[146] 또한 앞서 안집 사로부터 분배를 기다리라는 답변을 받은 사안에 대해서도, 감사에게 2차례에 걸쳐 별도의 첩보를 올렸고 그 결과 감사로부터 먼저 도착한 배에서 예산현에 우선적으로 곡식을 분배해 주겠다는 확인을 받아낼 수 있었다.[147]

이상과 같이 예산 현감 한경의 사례를 통해 환곡을 확보하는 과정에서 수령이 어떠한 역할을 하였는지 분명히 엿볼 수 있다. 수령은 행정 계통상 감사의 지시를 받는 수직적 관계에 놓여 있었지만, 그러한 가운데서도 수령은 끊임없이 감영과 교섭하며 상황에 맞추어 시의적절한 해결책을 모색하며 환곡을 확보해 나갈 수 있었다. 이는 비록 임시변통의 조치였지만 개인적인 역량에 기초한 변통이 요구되는 수령 행정에서 나타난 특징이기도 했다.

나오는 말_
수령 행정, 애민愛民과 요예要譽의 상반된 평가를 받다

조선시대 지방 군현의 관아는 대부분 읍치의 동서 혹은 읍성의 동문을 관통하는 대로의 북쪽 중심되는 자리에 객사와 함께 위치하였다. 이러한 관아가 자리하는 위치와 공간적 특성은 두 가지로 요약해 볼 수 있다. 첫째, 자연경관적 요소로 해당 지역의 상징적 중심이 되었던 진산이나 주산을 배후로 삼았다. 둘째, 인위적인 공간 구조의 측면에서 관아의 공간은 홍살문으로부터 시작된 세 개의 문을 거쳐야 수령의 집무처인 동헌까지 도달할 수 있었다. 배후의 산을 매개로 한 상징적인 자연 경관은 관아를 방문하는 백성들에게 관아 건물이 가지는 시각적인 권위를 한층 부각시키는 역할을 했다. 그리고 동헌에 이르기까지 담장으로 둘러싸인 문을 거쳐야 하는 공간 구조는 이곳을 다양한 이유로 출입해야 했던 백성들에게는 수령의 위엄을 심리적으로 느끼게 했다. 결국 읍치와 관아 건물에 구현된 자연경관적 요소와 공간구조는 통치 대상자에 대한 지방관의 권위를 나타내는 일종의 장치가 되었다. 그리고 백성들의 입장에는 지방행정의 최고책임자인 수령이 지닌 국가권력의 존재를 시각적, 심리적으로 체험하게 하는 요소가 되었던 것이다.

한편, 조선시대 수령제도가 중앙 통치체제의 일부로서 지방을 지배하기 위해 운영되었던 것은 분명한 사실이었다. 그러나 중앙정부와 도 단위 감사를 거쳐 수령을 통해 시행한 지방 통치의 행위는 지금까지 살펴본 바와 같이 일방적인 백성들에 대한 명령과 지배의 '제민制民'은 아니었다. 오히려 수령을 통한 지방행정은 궁극적으로 백성들이 기본적인 생산 근거를 확보하여 살아갈 수 있게 한 '양민養民' 차원의 적극적인 개입이었다고 생각된다. 이러한 과정에서 수령은 자신이 다스리는 지역민에 대한 제한적이나 자율권을 가진 통치자로서의 면모를 드러낼 수 있었다.

조선 왕조는 이념적으로 유교적 도덕규범인 예제禮制를 사회 운영의 기본 원리로 강조하였다. 따라서 수령의 지방행정은 법치法治에 기반하면서도 도덕규범으로 인人과 덕德을 펼쳐 나가는 예치禮治가 요구되었다. 이는 중앙정부가 바라고 있던 '수령 선치善治'의 이상적인 모습이기도 했다. 그 결과 수령의 지방행정은 현실적으로는 법치法治를 추구하면서, 이념적으로 강조된 예치禮治와의 조화가 필요했다. 수령 개개인의 도덕적 자질과 현능賢能에 의지해 백성들을 다스리는 '인치주의人治主義'의 행정은 그러한 예치와 법치를 일치시켜 보고자 했던 조화의 결과였다.

물론 이러한 인치주의적 요소는 수령권의 행사 방향에 따라 부정적으로 변질될 가능성을 가진 것이기도 했다. 그러나 이는 수령의 지방행정이 수령 이하 실무자 및 농민들과 조화를 이루는 중요한 역할을 하였다는 점에 주목할 필요가 있다. 수령은 개개인의 도덕적 자질과 현능과 역량에 따라 상급 기관과의 지속적인 교섭을 통해 행정 운영 과정에서 나타난 갈등과 긴장을 완화하는 한편, 군현과 농민들의 부담과 직결되는 여러 가지 사안들을 최대한 유리한 방향으로 이끌어 내었던 것이다. 그 과정에서 군현에 가중된 부담을 덜어내고자 수령이 지닌 재량권을 적극 활용하는 등, 제한적이나마 군현 행정의 과정에서 일정한 자율성을 발휘할 수 있었다.

그런데 수령 행정에서 보이는 수령의 재량권에 기초한 인치주의적 요소는 그 배경에 군현제와 면리제를 비롯한 조선 국가의 지방제도라는 제도적 시스템이 자리하고 있었기 때문에 가능했다. 그러한 시스템적 요소가 법치에 기반한 제도였다면, 그와 같은 시스템적 요소가 지닌 공백을 수령의 인치를 통해 채워가며 행정을 운영할 수 있었던 것이다. 그리고 이를 통해 국가의 일방적인 대민 지배의 목적만을 달성하고자 했던 것이 아니라 국가와 해당 군현의 백성들을 사이에서 군현의 현실을 반영한 행정력을 통해 업무를 수행해 나가고자 했다. 이는 목민관이 가져야 할 기본인 애민愛民의 자세이기도 했다.

그러나 인치에 기반한 이러한 수령 행정은 국가의 입장에서는 수령이 명예를 구한다는 '요예要譽' 행위로 자주 비판받아 왔다. 그로 인해 수령은 지방을 다스려 가는 과정에서 백성에 대한 애민과 제한된 권한 사이에서, 그리고 목민관牧民官이라는 엄중한 직임과 자신을 위한 요예 사이에 놓이며 갈등할 수밖에 없는 존재였다. 그러한 점에서 조선시대 수령 행정에서 나타난 재량권을 통한 자율성은 요예要譽와 애민愛民의 경계에서 국가와 자신이 다스리는 군현의 백성 사이를 중재하려고 했던 노력과 고민의 결과였던 것이다.[148]

1. 수령 행정이 시행된 공간

1 권내현, 「조선 후기 읍치와 그 거주민 구성에 관한 일 고찰」, 『한국사학보』 3, 고려사학회, 1998.

2 기왕의 연구에 의하면 경상도 71개 읍치 중 풍수적 입지 경관이 완연한 곳이 58%에 해당된다는 연구도 있다. 최원석, 「조선시대 지방도시의 풍수적 입지분석과 경관유형」, 『대한지리학회지』 42, 대한지리학회, 2007.

3 다만, 『여지도서』의 기록에 의하면 진산의 방향 가운데 대략 50%정도가 북쪽에 위치한 것으로 확인된다. 따라서 진산은 산의 위치도 중요했지만, 그 산의 맥脈과 지형의 근원根源도 중요한 사항이 되었던 것으로 보인다. 이선영, 「朝鮮時代의 邑城에 관한 연구」, 『한국건축사론』, 기문당, 1990, 320쪽.

4 조선시대 충청도 군현의 사례를 보면, 각 군현의 읍치는 대부분 남향을 하면서 진산은 10리 이내에 위치하였다. 남향이 아닌 남서南西, 동향東向의 경우는 동북쪽, 혹은 서북쪽, 서쪽을 진산으로 삼았다. 그리고 주요 하천은 읍치를 중심으로 1-3개의 크고 작은 천이 흘렀고, 읍치가 남향 혹은 남향에 가까울 경우에는 대부분 남쪽에, 동향 혹은 서향일 때는 동쪽이나 서쪽에 하천을 가지고 있었다. 김기덕, 「朝鮮時代 地方 邑治의 造營規範에 관한 硏究－朝鮮後期 史料에 나타난 忠淸道를 중심으로－」, 『대한건축학회논문집』 20(5), 대한건축학회, 2004.

5 최종석, 「조선시기 鎭山의 특징과 그 의미－읍치공간 구조의 전환의 관점에서」, 『조선시대사학보』 45, 조선시대사학회, 2008.

6 임동일, 「朝鮮時代 官衙의 立地와 坐向을 통해 본 都, 邑의 造營論理 研究」, 한양대학교 박사학위논문, 1996.

7 안길정, 『관아를 통해본 조선시대 생활사』 상, 사계절, 2004.

8 한양의 남대문에서 경복궁에 이르는 남북대로는 직선이 동북쪽 종각 인근에서 동서대로와 만나 서쪽으로 꺾은 후 세종로 끝에서 북쪽을 향해야 비로소 경복궁의 모습이 보인다. 남대문이 아니라 세종로 끝에 서야 북한산과 북악산, 경복궁의 경관을 함께 볼 수 있다. 여기서 바라보는 경관은 하늘= 산=경복궁의 일체화된 상징적 풍경이 된다. 낙안읍성의 경우도 이와 유사한 구조를 통해 멀리서는 하늘과 산, 다음으로는 크게 보이는 산과 그 안에 들어간 듯 작게 보이는 건물, 가까이 접근했을 크게 보이는 관아의 건물이라는 상징적 경관을 의도적으로 조성했던으로 볼 수 있다. 이기봉, 「낙안읍성의 입지와 구조 그리고 경관-읍치에 구현된 권위상징의 전형을 찾아서」, 『한국지역지리학회지』 47, 한국지역지리학회, 2008.

9 김동욱, 「조선시대 건축의 이해」, 서울대학교 출판부, 2001.

10 金泰永, 「朝鮮初期 祀典의 成立」, 『역사학보』 58, 역사학회, 1973.

11 김기덕, 「朝鮮後期 忠淸道 官衙建築의 配置體系」, 청주대학교 박사학위논문, 2002.

12 『정종실록』 권5, 정종 2년 8월 1일.

13 백소훈, 「지방관아 건축 "동헌東軒"의 명칭 유래에 관한 연구」, 『대한건축학회논문집』 33, 대한건축학회, 2017, 81-83쪽.

14 19세기 지방도 및 읍지 등에 확인되는 대략 240여 개 군현 관아의 건축 위치를 분석한 연구에 의하면, 동헌과 객사의 배치관계에 대해, 우-좌의 형태가 그 반대보다 더 많이 나타나고 있다. 이는 기존에 객사를 중심으로 동헌의 명칭이 남면하고 있는 객사의 좌측 즉 절대방위 상 동쪽 편에 위치하

여 그렇게 불렸다는 입장과는 상반된 사실이다. 권선정, 「조선 후기 고지도를 통해 본 전통도시 읍치의 공간구성」, 『문화역사지리』 32(2), 한국문화역사지리학회, 2020.

15 북송의 서긍이 1123년 고려에 사신으로 왕래하며 본 고려의 지방관아에 대한 언급에 의하면 牧, 守, 都護의 관아만이 규모가 있고 여러 間이며, 令長은 소재에 따라 거주하는 백성들의 집에 거한다고 했다(국역 『고려도경』 3권, 郡邑).

16 백소훈 앞의 논문, 2017, 87-88쪽. 이러한 견해에 의하면 객사는 조선 전기까지는 분명히 지방 읍치의 중심이 되었던 것으로 볼 수 있다. 그러나 시기적으로 조선 후기에 해당 되는 읍지나 고지도의 기록을 바탕으로 한 앞선 권선정의 연구는 분명히 읍치의 중심축이 동헌임을 말해주고 있다. 따라서 조선 전기까지 기존에 객사로 대표되는 읍치의 중심이 조선 후기에는 동헌을 중심으로 바뀌어 점차 바뀌어 갔고, 이는 조선 후기 수령권의 강화 현상을 말해주는 하나의 모습이었다고 이해해 볼 수도 있을 것 같다.

17 이선희, 「2장 수령의 출퇴근과 근무방식」, 『수령의 사생활』, 경북대학교 출판부, 2011.

18 안길정, 앞의 책, 2004.

19 김기덕, 앞의 논문, 2002, 174-175쪽.

20 헐소의 위치는 대해서는 기존연구에서는 바깥 대문, 곧 외삼문에 위치한 것으로 설명되었다. 그러나 오횡묵吳宖默의 『함안총쇄록咸安叢瑣錄』의 함안군 관아 헐소에 대한 언급을 보면 관아 내삼문 북쪽에 헐소가 있는데 마루와 방이 1칸이라는 하였다. 그리고 『숙천제아도』의 평안도 황해도 서흥부의 그림에도 내삼문 왼쪽에 3칸이 헐소로 언급되고 있다.

21 한국고문서학회, 『조선시대생활사 4 - 조선의 일상, 법정에 서다』, 역사비평

사, 2013, 60-62쪽.

22 이에 대한 연구는 오영교, 『향촌지배정책연구』, 혜안, 2001; 이성무, 「경재소와 유향소」, 『비교한국학』 1, 국제비교한국학회, 1995; 김용덕, 『향청연구』, 韓國研究員, 1978 등이 참고된다.

23 김용덕, 위의 책, 1978, 12쪽.

24 여기서도 향청의 직임인 좌수 등을 지칭할 때에는 통칭해서 향소로 부르기로 한다.

25 김용덕, 앞의 책, 1978, 68쪽.

26 김기덕, 「조선 후기 충청도 관아건축의 공간구성에 관한 연구」, 『충북학』 5, 충북연구원, 2003, 113-114쪽.

27 권기중, 「朝鮮後期 鄕役과 鄕役者 研究」, 성균관대학교 박사학위논문, 2002, 37쪽.

28 이수건, 「高麗時代 「邑司」 研究」, 『국사관논총』 3, 국사편찬위원회, 1989, 58쪽.

29 고려시대 삼공형은 戶長·記官·將校였다. 그러나 조선 후기에는 장교로서 직무를 수행하던 향리들이 탈락하고 일부가 병방이나 刑房·承發 등의 직임으로 분화되어 그중 형방·승발 등이 삼공형에 포함되고, 기관 중에서는 吏房만이 주요 직임이 되어 戶長과 함께 삼공형을 구성하였다(이훈상, 「朝鮮時代의 邑司와 作廳」, 『아시아문화』 6, 한림대학교, 1990).

30 한자 그대로의 의미는 꿩과 닭, 땔나무와 숯이라는 의미이지만, 치계시탄미雉鷄柴炭米 혹은 치계미雉鷄米, 시탄미柴炭米 등으로 불리며 조선시대 수령의 봉름俸廩을 비롯한 지방관아의 운영에 필요한 재원의 하나로 운영된 명목이다.

31 이수건, 『朝鮮時代 地方行政史』, 민음사, 1989, 304-308쪽.

32 배기헌, 「朝鮮後期 作廳의 運營과 그 性格」, 『계명사학』 6, 계명사학회,

1995, 59쪽.

33 金弼東, 「朝鮮後期 地方吏胥集團의 組織構造(上)」, 『韓國學報』 28, 중화민
    국한국연구학회, 1982, 101쪽.

34 『목민심서』 권4, 吏典六條, 束吏.

35 조선 후기 지방 군현에서 각종 잡다한 잡역雜役에 필요한 비용을 잡역세라는
    명목으로 백성들에게 거두기 위해 설치한 재정 기구이다.

36 김필동, 『차별과 연대-조선사회의 신분과 조직』, 문학과 지성사, 1999,
    226-239쪽.

37 김기덕, 앞의 논문, 2002, 180쪽.

38 김기덕, 앞의 논문, 2004, 117-118쪽.

39 이선희, 앞의 책, 경북대학교 출판부, 2011.

40 『현종개수실록』 권7, 현종 3년 6월 정사 ; 권8, 현종 4년 1월 甲申 ; 『승정
    원일기』 현종 4년 1월 5일: 11일.

41 『승정원일기』 현종 12년 4월 12일 ; 5월 12일 ; 5월 13일 癸亥; 『현종실록』
    권19, 현종 12년 4월 1戊戌.

42 『승정원일기』 영조 12년 9월 6일 ; 12년 10월 9일 ; 10일 ; 12일 ; 15일 ;
    16일 ; 11월 5일 ; 6일.

43 『승정원일기』 영조 25년 4월 13일; 5월 20일; 『영조실록』 권69, 영조 25
    년 5월 丙寅 ; 『推案及鞫案』, 「安邊殿牌作變罪人等推案」.

44 전패작변은 17세 효종 연간부터 고종 연간까지 78여건이 끊이지 않고 발
    생하였다. 그리고 그 이유도 다양하여 수령의 징치를 기도한 재지사족, 이
    서나 향임의 자리를 둘러싼 다툼, 지배층의 수탈을 폭로하기 위한 방법으로
    행해진 일반 백성들의 전패작변, 개인적인 원망과 민은民隱을 표출하고 해
    결하기 위한 목적 등 다양했다. 윤석호, 「조선 후기 殿牌作變 연구」, 『한국

민족문화』 58, 부산대학교한국민족문화연구소, 2016.

45 『수교집록』 禮典 朝儀 1670년(현조 11, 강희 경술)에 받은 전교.

46 이선희, 「17~18世紀 忠淸地域 守令의 日常業務 硏究」, 중앙대학교 박사학위논문, 2004.

2. 백성들을 위한 수령 행정의 실제

47 실제로 19세기 초에 쓰여진 목민서로 추정되는 『사정고四政考』에는 삼정과 함께 황정이라는 항목을 더하여 사정으로 지칭하고 있다. 그리고 이는 ①분등分等, ②견면蠲免, ③집재執災, ④보재報災, ⑤표재俵災, ⑥주진賙賑의 순서로 구성되어 있다. 재해의 피해를 조사하고 나누는 과정, 그에 따른 부세 면제 조치, 그리고 마지막에 구체적 진휼 조치와 관련된 주진까지 일련의 내용을 황정의 범주로 파악하고 있다. 이처럼 재해에 대응하여 진휼이 시행되기까지 일련의 단계를 행정 체계상의 과정이라고 본다면, 이는 '재해행정'이라고도 부를만하다. 다만 이러한 용어를 사용하기 위해서는 재해에 대한 행정적 체계뿐만 아니라 그러한 절차와 규정, 농사가 진행되어 가는 과정에서 발생하는 한재가 아닌 다른 유형의 자연재해 발생에 대응한 조치, 이와 관련된 행정의 업무 범주 등 다양한 요소에 대한 종합적인 연구가 선행될 필요가 있다. 이에 여기서는 일단 기존에 사용된 익숙한 '진휼 행정'이라는 용어를 그대로 쓰되 단순히 농민에 대한 직접적인 물질적 시혜인 진휼 과정만을 지칭하는 것이 아닌 그와 같은 일련의 과정들도 포함하는 넓은 의미의 개념으로 사용하기로 한다.

48 조선시대 각 도에서 매년 가을 지방유생을 대상으로 실시하던 시험으로 합격하면 정식 과거시험의 1차 관문인 소과의 첫 번째 시험인 초시初試를 면제받고 바로 두 번째 시험인 복시覆試에 응시할 자격이 주어졌다.

49 문용식, 『朝鮮後期 賑政과 還穀運營』, 경인문화사, 2001, 80쪽.

50 『松都設賑啓錄』(「각사등록」 경기도편 4, 국사편찬위원회, 1982).

51 이에 대해 『사정고』, 「황정」에는 다음과 같이 언급하기도 했다. "진휼곡을 나누어줄 때는 '두斗'를 쓰고 '승升'은 쓰지 않는다. 1두 2승 5홉이 들어가는 큰 말[大斗]을 만들어, 장년 남자에게는 이 말로 계량하여 한 말을 준다. 1두들이 중간 말[中斗]을 만들어, 장년 여자는 이 말로 계량하여 한 말을 준다. 5승들이 작은 말[小斗]를 만들어 남녀 소년은 이 말로 계량하여 한 말을 준다. 이는 겉곡[租]로 분급하는 경우이다. 쌀이나 콩[太]를 분급할 때는 각기 환산 비율에 따라 벼의 경우와 같이 말을 만든다. 이전 분급 때 썼던 말이 있게 마련이니, 고치든지 그대로 쓰든지 간에 미리 용량을 바로잡아 놓는 것이 좋다."; 정약용도 『목민심서』에서 이를 진휼시 사용하는 용기를 말하는 '진두賑斗'라고 언급하며 모든 면과 마을에 지시하여 각기 관식官式에 따라 별도로 되와 말을 만들어 관에 가져가서 낙인을 받은 뒤에 각각 마을에 두어야 한다고 했다.

52 한경은 1758년 11월 2일 충청도 예산 현감으로 부임하여 1763년 6월 24일까지 4년 7개월 간의 임기를 마치고 물러났다. 『오산문첩』은 이 기간 그가 예산현에서 행한 행정 관련 문서 기록이다. 비교적 긴 기간인 4년 이상 수령으로 재임하며 반복적으로 수행한 여러 가지 내용을 담고 있어서 18세기 중반 수령 행정의 양상을 이해하는데 중요한 자료가 된다.

53 남원·임천·양구·연안 등 여러 지역의 지방관을 지내며 재임시의 행정을 알 수 있는 『남원현첩보이문성책』, 『가림보초』, 『연주보첩』 등의 충실한 문서를 남겼다. 이 가운데 그가 1743년부터 이듬해까지 12월까지 연안 부사로 있으며 남긴 자료가 『연주보첩延州報牒』이다. 이 기록은 황해도 연안부에서 이루어진 당시의 여러 행정, 부세, 군사 등 다양한 내용을 담고 있어 『오산

문첩』과 함께 18세기 지방 통치의 모습을 살펴보는데 도움이 된다.

54 『오산문첩』 庚辰 11월 17일 設賑及私救之意 傳令 ; 11월 25일 私救之意知 委事 傳令.

55 『오산문첩』 庚辰 11월 18일 ; 11월 24일 報 巡營.

56 『오산문첩』 庚辰 12월 23일 報 巡營.

57 『오산문첩』 辛巳 정월 초 5일 ; 정월 14일 報 巡營.

58 『오산문첩』 辛巳 5월 초 1일 私賑富民招聚設宴事 傳令. ; 이 해의 公賑이 언제 마무리 되고 있는지에 관한 자세한 기록은 없다. 다만 4월에 감영의 비장과 함께 분진했다는 기록(『오산문첩』 辛巳 4월 초 5일)과 일반적으로 경기도와 충청도는 가을보리가 익는 5월 초순이나 중순에 '罷賑'한다는 기록(『四政考』 荒政, 賙賑)에 의하면 잔치가 베풀어지는 5월 초순을 전후로 진휼을 마친 것으로 여겨진다.

59 『목민심서』 賑荒 6조 竣事.

60 『오산문첩』 辛巳 11월 초 1일 報 巡營.

61 『오산문첩』 辛巳 10월 초 8일 報 巡營: "昨年則不耕不種而不得食 今年則太 半耕種而不能食."

62 『오산문첩』 壬午 2월 22일 報 巡營.

63 『오산문첩』 壬午 4월 22일 報 巡營.

64 『오산문첩』 壬午 6월 10일 ; 6월 19일 報 巡營.

65 "至於安興貢津米 該鎭邑所在 其數亦不多 難以遍及於列邑 不過疾足者先 得."(『오산문첩 壬午 6월 10일 報 巡營).

66 『오산문첩』 壬午 7월 일 賑救節目 傳令.

67 허명은 실제로 존재하지 않는 인물을 호적에 등재하는 것을 의미하는데 부 세나 군역을 피하기 위한 목적, 또는 지방의 양반들이 호적대장에 이름이

올라가는 것을 꺼려하여 대신 자신의 노비를 등재하기도 했다.

68 『오산문첩』 壬午 9월 16일 家坐成冊從實上官事 傳令.

69 『사정고』 荒政大槪, 賙賑.

70 『오산문첩』 壬午 11월 일 傳令.

71 원재영 「朝鮮後期 賑恤政策의 구조와 운영-1814~1815년 전라도 任實縣의 사례를 중심으로-」, 『한국사연구』 143, 2008, 355-360쪽.

72 『오산문첩』 壬午 12월 일 報 巡營.

73 『오산문첩』 癸未 정월 25일 報 巡營: 이 시기 여러 목민서에는 이들에 대해 이들에 대해서도 진휼 대상이 아님으로 원칙을 강조하면서도 그 상황을 참작하도록 했다. "至於漏籍至民 在所當拔 而若至十分難保之境 則此亦不無潤狹也."(『居官大要』, 賑政).

74 『사정고』『荒政大槩』賙賑.

75 사실 1814년 전라도 임실현의 진휼과정에서 중앙에서 내려온 『초기절목』에는 무적·누호를 초기의 대상에 포함시키라는 내용이 보인다.("取考該邑己巳壬申等所頒節目 飢民三等之區別也 無籍漏戶之均付也.": 任實縣賑恤謄錄』營甘抄飢節次知委 12月 初 7日 到付). 따라서 중앙정부의 입장에서도 이 시기 다양한 이유로 발생했던 무적·누호에 대한 진휼을 허용했던 것으로 볼 수 있다. 그러나 이들이 공식적으로는 진휼 대상자가 될수 없었기 때문에 진휼 대상으로 입록하는 방법은 전적으로 진휼이 시행된 현장인 군현의 수령에 의해 좌우될 가능성이 높았다. 그러한 점에서 진휼 시 기민의 선발은 해당 군현수령의 역량이 무엇보다도 중요한 역할을 할 수밖에 없었을 것이다.

76 "判府事李命植疏曰 (중략) 臣於此 竊有所未曉者 歎歲設賑 粤自古昔 至於計口白給 惟我東爲然."(『승정원일기』 정조 20년 6월 22일).

77 "萬澤曰 空名帖發賣補賑 雖出不得已之擧 自辛亥[1671]以後 皆以白給用

之."(『승정원일기』 숙종 30년 5월 15일).

78 연안 부사 박용수의 사례는 구완회(「조선 후기의 진휼 행정과 군현지배」, 『진단학보』 76, 1993)의 글을 주로 참고 발췌하여 정리함.

79 『연주보첩』 癸亥 9월 초 10일 報巡營.

80 『연주보첩』 甲子 6월 26일 狀啓草.

81 『목민심서』 賑荒六條, 備資.

82 오래되어 묵은 쌀을 백성들에게 나누어 주었다가 새 곡식으로 받아들이는 일.

83 『연주보첩』 갑자 4월 22일.

84 『연주보첩』 갑자 4월 18일 ; 22일.

85 "官庫蕩然, 私備無物, 卽今所經紀, 惟是營貸錢所貿若干鹽穀而已, 立本取贏, 其將幾何飢口則至廣大, 賑穀至淺鮮, 言念前頭, 誠爲渴悶是如乎."(『연주보첩』 계해 12월 28일 報巡營).

86 『연주보첩』 갑자 12월 초 6일.

87 문용식, 앞의 책, 2001, 63쪽.

88 "各 邑의 賑穀은 매년 힘을 다해 備諸한다[새로 비축한 수효는 매년 말에 監營에서 備局에 보고하여 가장 우수한 자와 전혀 거행하지 않는 자에 대해 賞罰을 논하며 私用·貸用한 자는 守令은 公穀濫用律에 의거하여 논하고, 色吏는 杖 100에 定配한다. 備穀을 칭탁하여 민간에서 勸分하는 것은 엄금한다]."

89 『비변사등록』 경종 즉위년 8월 7일.

90 다양한 방법으로 수령에 의해 마련된 이러한 자비곡은 비변사가 구관하여 국가가 관리하는 공곡처럼 운영하며 진휼 목적 외에 수령이 임의로 사용할 수 없게 하였다. 문용식, 「朝鮮後期 守令自備穀의 設置」, 『조선시대사학보』 9, 조선시대사학회, 1999.

91 『만기요람』, 「財用編」 5, 荒政 外邑分賑式.

92 『목민심서』賑荒 六條 勸分.

93 『임실현진휼등록』募財粟, 傳令 同日(30일: 필자 주).

94 "有無相資之約條則例也 此惟在聞風出義之如何矣."(『승정원일기』정조 22
년 4월 10일) ; "蓋所謂勸分者 勸諭富者 使之捐出私穀 隨力補賑之謂
也."(『비변사등록』영조 2년 3월 11일)과 "所謂勸分者 卽稍饒之民 起義出
穀 以添公穀 以補賑資."(『순조실록』권30, 숙조 29년 1월 무술)의 언급도
이와 비슷한 권분에 대한 인식을 보여준다.

95 『대전통편』戶典 備荒.

96 이선희, 「18세기 수령과 관찰사의 행정마찰과 처리방식 -『嘉林報草』를 중
심으로 -」,『고문서연구』27, 한국고문서학회, 2005; 구완회, 「조선 후기
군현사이의 갈등과 수령의 역할」,『대구사학』86, 대구사학회, 2007.

97 『오산문첩』庚辰 4월 일 ; 4월 17일 報 巡營.

98 '高燥'는 '높고 건조하다'는 의미로 일반적인 논보다 지대가 높고 물이 잘
빠져서 건조하고, 물을 대기가 쉽지 않은 논을 의미한다.

99 『오산문첩』庚辰 5월 28일 ; 6월 초 1일 ; 초 3일 ; 초 5일 報 巡營.

100 『오산문첩』庚辰 7월 초 9일 報 巡營.

101 "去月望前 雨水頻數 惡風連吹 兩麥之受傷 無復餘地矣 (중략) 初則有豊登之漸
而水旱相仍 十數日之內 已判凶荒."(『오산문첩』辛巳 5월 초 1일 報 巡營).

102 1려는 본래 쟁기질을 한 번 하는 것을 의미하지만, 조선시대에는 강우량을
정확하게 측정하는 기술이 부족했기 때문에, 한 번 쟁기질이 가능할 정도
의 비가 내렸다는 비의 양을 표현하는 단위로 사용되었다. 이것보다 더 적
은 매우 작은 량의 비가 내렸을 때에는 호미 '서鋤'를 사용하기도 했다.

103 『오산문첩』辛巳 5월 초 10일 ; 21일 報 巡營.

104 『오산문첩』辛巳 6월 23일 報 巡營.

105 『오산문첩』辛巳 7월 초 2일 ; 12일 ; 22일 ; 28일 報 巡營.

106 『오산문첩』辛巳 8월 11일 報 巡營.

107 『오산문첩』壬午 5월 29일 報 巡營.

108 『오산문첩』壬午 윤 5월 초 8일 ; 초 10일 ; 초 12일 報 巡營.

109 『오산문첩』壬午 윤 5월 23일 松堂洑築次 通九面領付事 傳令.

110 『오산문첩』壬午 윤 5월 27일 報 巡營.

111 『오산문첩』壬午 6월 28일 報 巡營.

112 『오산문첩』壬午 6월 10일 邑人安接 傳令 ; 7월 일 饑民安居事知委 傳令.

113 『오산문첩』壬午 7월 12일; 7월 19일 ; 7월 일 ; 8월 일 報 巡營.

114 『오산문첩』① 庚辰 10월 일 報 巡營 ; ② 11월 12일 災結減給事 傳令.

115 『오산문첩』辛巳 7월 12일 報 巡營.

116 『오산문첩』辛巳 10월 초 8일 報 巡營.

117 『오산문첩』壬午 7월 22일 報 巡營.

118 『오산문첩』壬午 7월 일 報 巡營.

119 『오산문첩』壬午 8월 26일 報 巡營.

120 『오산문첩』壬午 10월 일 報 巡營.

121 『오산문첩』壬午 10월 26일 報 巡營.

122 수령이 감사에게 재결을 보고하면 감사는 호조가 비총제에 의하여 나누어준 재결의 숫자와 대조하여 일정한 수량의 재결을 그 군현에 나누어준다. 이에 수령은 나누어 받은 재결과 자기가 집재執災한 재결을 대조하여 관내의 전지에 재결을 나누어 인정한다. 이렇게 재결을 나누어 인정해주는 것을 표재라고 한다. 감사가 각 군현에 재결을 나누어주는 것도 표재라고 한다.

123 『혜정연표惠政年表』, 『탁지전부고』에 의하면 42,650結 가운데 事目災 24,854結 加請災 17,796結이었다. 1762년은 충청도뿐만 아니라 전국적

인 흉년으로 급재결 수가 199,676結에 달하고 있다.

124 급재결을 둘러싼 감사와 수령의 밀고 당기는 교섭과정은 1738~40년 임
천군수를 지낸 박용수가 남긴 『가림보초』에서도 볼 수 있다(『가림보초』
무오 10월 24일 ; 11월 초 6일 報 巡營).

125 『영조실록』 권119, 영조 48년 9월 庚戌.

126 『영조실록』 권49, 영조 13년 11월 정묘 ; 권119, 영조 48년 9월 경술 ;
구완회, 앞의 논문, 1993, 75쪽 참조.

127 『오산문첩』 庚辰 5월 23일 各店戶首馬鐵匠柳器匠等 傳令 ; 10월 16일 席
子保錢除減事 傳令.

128 『혜정년표』 영조 37(1761)년 충청도에 내려진 환곡에 관한 조치를 보면,
舊還은 尤甚邑 全數, 之次邑 1/3 停捧하되 特敎로 舊逋의 餘穀도 停退하
고, 新還은 分數로 代捧하되 역시 特敎로 尤甚邑의 還耗는 折半을 蕩減하
였다.

129 『오산문첩』 辛巳 11월 초 1일 報 巡營 ; 12월 초 3일 尤甚邑還軍餉耗折
半蕩減事 傳令.

130 『승정원일기』 영조 38년 9월 27일 ; 『혜정년표』 영조 38년 기록.

131 『오산문첩』 壬午 11월 일 報 巡營.

132 『오산문첩』 辛壬 11월 30일 傳令.

133 공진미, 안흥미 등은 일반 환곡과는 다른 軍餉의 성격이 강하지만 改色을
목적으로 그 일부를 농민들에게 대여하여 운영하였다. 따라서 이 글에서
는 이러한 명목도 넓은 의미로 환곡에 포함하여 다루기로 한다.

134 『오산문첩』 戊寅 12월 일 報 巡營: 마지막에 "未報巡營, 故無題辭"라고 하여
실제 감사에게 보고되지는 않은 것 같다.

135 『오산문첩』 庚辰 正月 11일 報 安興鎭 ; 3월 초 8일 報 巡營.

136 『오산문첩』庚辰 11월 일 報 巡營 ; 庚辰 12월 17일 報 安興鎭.

137 『오산문첩』辛巳 3월 17일 安興里作錢受來分給 傳令.

138 『오산문첩』辛巳 12월 일 報 巡營.

139 구완회, 앞의 논문, 1993, 103쪽.

140 『오산문첩』庚辰 2월 11일 報 巡營.

141 『오산문첩』庚辰 12월 일 ; 辛巳 정월 26일 ; 3월 초 4일 報 巡營 ; 3월 초 4일 移 藍浦縣 ; 3월 15일 藍浦還上移轉受來事 傳令 ; 3월 21일 報 巡營.

142 "(題辭) 結錢裁減條 列邑請得者甚多 幾盡區處 今無餘數 推移甚難 數百兩猶 可補用 試爲商量變通 更爲牒報向事."(『오산문첩』壬午 2월 17일 報 巡營).

143 『오산문첩』壬午 4월 17일 報 巡營.

144 예산 현감은 5월에 보릿고개를 당하여 나누어줄 환곡이 부족해지자 또 다른 군향의 명목인 貢津米 100石을 요청하였다(『오산문첩』壬午 5월 27일 報 巡營). ; 다만 이 기록에는 감사의 題辭가 없기 때문에 어떻게 처리되었는지는 알 수 없다.

145 『비변사등록』영조 38년 11월 16일; 『혜정연표』에 의하면 이때의 호서안 집사는 尹東暹였다.

146 『오산문첩』癸未 3월 14일 報 御史道 ; 報 巡營.

147 『오산문첩』癸未 3월 21일; 29일 報 巡營.

나오는 말

148 수령 행정에서 나타난 그와 같은 인치주의적 요소가 좀더 분명한 입론이 되기 위해서는 중앙집권을 추구한 조선 왕조의 지방행정의 통치구조 속에서 수령의 재량권을 어느 정도까지 가능했을까라는 부분에 대해서는 조금 더 면밀한 정의가 제시될 필요도 있다고 생각된다. 이는 차후의 과제로 삼기로 한다.

1. 자료

『조선왕조실록』.

『비변사등록』.

『승정원일기』.

『경국대전』.

『수교집록』.

『속대전』.

『대전통편』.

『만기요람』.

『탁지전부고』.

『고려도경』.

『오산문첩』.

『연주보첩』.

『가림보초』.

『혜정년표』.

『혜정요람』.

『사정고』.

『거관대요』.

『목민대방』.

『임관정요』.

『목민고』.

『목민심서』.

『송도설진계록』.

『진휼등록』.

『임실현진휼등록』.

2. 단행본

김동욱, 『조선시대 건축의 이해』, 서울대학교 출판부, 2001.

김용덕, 『향청연구』, 韓國研究員, 1978.

김필동, 『차별과 연대-조선사회의 신분과 조직』, 문학과 지성사, 1999.

문용식, 『朝鮮後期 賑政과 還穀運營』, 경인문화사, 2001.

안길정, 『관아를 통해 본 조선시대 생활사』 상, 사계절, 2004.

오영교, 『향촌지배정책연구』, 혜안, 2001.

이선희 외 『수령의 사생활』, 경북대학교 출판부, 2011.

이수건, 『朝鮮時代 地方行政史』, 민음사, 1989.

한국고문서학회, 『조선시대생활사 4-조선의 일상, 법정에 서다』, 역사비평사, 2013.

3. 논문

구완회, 「조선 후기의 진휼 행정과 군현지배」, 『진단학보』 76, 진단학회 1993.

_____, 「조선 후기 군현 사이의 갈등과 수령의 역할」, 『대구사학』 86, 대구사학회, 2007.

권기중, 「朝鮮後期 鄕役과 鄕役者 研究」, 성균관대학교 박사학위논문, 2002.

권내현, 「조선 후기 읍치와 그 거주민 구성에 관한 일 고찰」, 『한국사학보』 3, 고려사학회, 1998.

권선정, 「조선 후기 고지도를 통해 본 전통도시 읍치의 공간구성」, 『문화역사지리』 32(2), 한국문화역사지리학회, 2020.

김기덕, 「朝鮮後期 忠淸道 官衙建築의 配置體系」, 청주대학교 박사학위논문, 2002.

_____, 「조선 후기 충청도 관아건축의 공간구성에 관한 연구」, 『충북학』 5, 충북연구원, 2003.

_____, 「朝鮮時代 地方 邑治의 造營規範에 관한 研究-朝鮮後期 史料에 나타난 忠淸道를 중심으로-」, 『대한건축학회논문집』 20(5), 대한건축학회, 2004.

金泰永, 「朝鮮初期 祀典의 成立」, 『역사학보』 58, 역사학회, 1973.

金弼東, 「朝鮮後期 地方吏胥集團의 組織構造(上)」, 『韓國學報』 28, 중화민국 한국연구학회, 1982.

문용식, 「朝鮮後期 守令自備穀의 設置」, 『조선시대사학보』 9, 조선시대사학회, 1999.

배기헌, 「朝鮮後期 作廳의 運營과 그 性格」, 『계명사학』 6, 계명사학회, 1995.

백소훈, 「지방관아 건축 "동헌東軒"의 명칭 유래에 관한 연구」, 『대한건축학회논문집』 33, 대한건축학회, 2017.

서동원 「조선시대 지방관의 공간적 특성에 관한 연구-정치사상과 입지를 중심으로」, 서경대학교 박사학위논문, 2002.

여상진, 「조선시대 객사의 영건과 성격 변화」, 서울대학교 박사학위논문, 2005.

원재영, 「朝鮮後期 賑恤政策의 구조와 운영-1814~1815년 전라도 任實縣의 사례를 중심으로-」, 『한국사연구』 143, 한국사연구회, 2008.

윤석호, 「조선 후기 殿牌作變 연구」, 『한국민족문화』 58, 부산대학교한국민족문화연구소, 2016.

이기봉, 「낙안읍성의 입지와 구조 그리고 경관-읍치에 구현된 권위상징의 전형을 찾아서」, 『한국지역지리학회지』 47, 한국지역지리학회, 2008.

이선영, 「朝鮮時代의 邑城에 관한 연구」, 『한국건축사론』, 기문당, 1990.

이선희, 「17~18世紀 忠淸地域 守令의 日常業務 硏究」, 중앙대학교 박사학위논문, 2004.

_____, 「18세기 수령과 관찰사의 행정마찰과 처리방식-『嘉林報草』를 중심으로-」, 『고문서연구』 27, 한국고문서학회, 2005.

이성무, 「경재소와 유향소」, 『비교한국학』 1, 국제비교한국학회, 1995.

이수건, 「高麗時代 「邑司」 硏究」, 『국사관논총』 3, 국사편찬위원회, 1989.

이훈상, 「朝鮮時代의 邑司와 作廳」, 『아시아문화』 6, 한림대학교 아시아문화연구소, 1990.

임동일, 「朝鮮時代 官衙의 立地와 坐向을 통해 본 都, 邑의 造營論理 硏究」, 한양대학교 박사학위논문, 1996.

최원석, 「조선시대 지방도시의 풍수적 입지분석과 경관유형」, 『대한지리학회지』 42, 대한지리학회, 2007.

최종석, 「조선시기 鎭山의 특징과 그 의미-읍치공간 구조의 전환의 관점에서」, 『조선시대사학보』 45, 조선시대사학회, 2008.